2017 통일걷기,
민통선을 걷다

2017 통일걷기, 민통선을 걷다

12박 13일의 기록 2017.8.3-2017.8.15

초판 1쇄   발행일 2017년 12월 22일

지은이   이인영
펴낸이   이재교

디자인   김상철 이정은 김혜니
제작   신사고하이테크(주)

펴낸곳   굿플러스커뮤니케이션즈(주)
출판등록   2013년 5월 7일 제2013-000136호
주소   서울시 마포구 서교동 458-20 4층
대표전화   02-6080-9858 팩스 0505-115-5245
이메일   goodplusbook@gmail.com
홈페이지   www.goodpl.net
페이스북   www.facebook.com/goodplusbook

ISBN   979-11-85818-29-0 03340

2017 통일걷기,
민통선을 걷다

12박 13일의 기록 2017.8.3-2017.8.15

이인영 지음

굿
플러스
북

민통선 걷는 길 337km

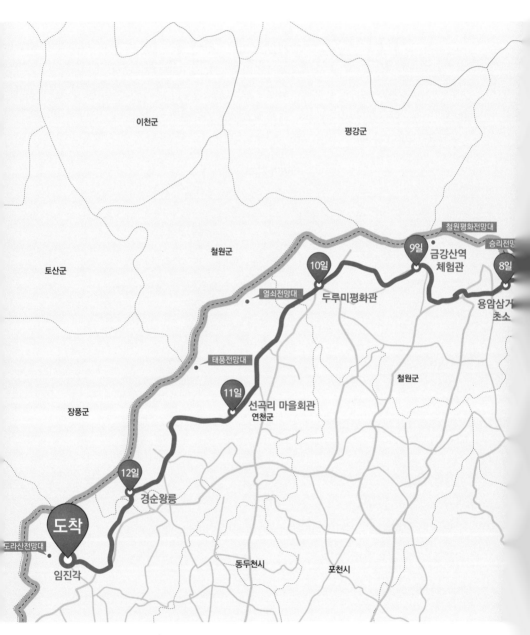

이천군

평강군

철원군

토산군

철원평화전망대

9일 금강산역
체험관

승리전망대

8일

10일
열쇠전망대

두루미평화관

용암삼거
초소

태풍전망대

철원군

11일
선곡리 마을회관
연천군

장풍군

12일

경순왕릉

도착

도라산전망대

임진각

동두천시

포천시

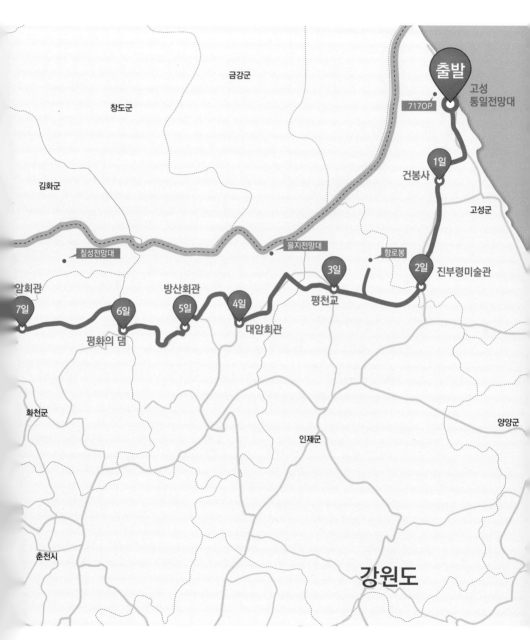

목차

[책을 내며]   책을 한 권 내고자 걸은 길은 아니었습니다.

그러나 수백 권을 내서라도 통일의 길을 열 수 있다면

그 또한 마다할 일은 아닙니다 / 08

[프롤로그]   분단 적대 죽음을 넘어 통일 평화 생명으로 / 10

[D-2일]   마음을 준비하며 / 18

[D-1일]   태몽처럼 꽂히는 꿈, 통일 / 22

[1일째]   통일전망대와 해금강, 문 닫힌 남북출입사무소를 다시 열고 싶다 / 26

[2일째]   소똥령으로 돌아가며, 민통선을 서성이다 / 44

[3일째]   백두대간의 먼 발치, 향로봉에서의 아쉬움 / 56

[4일째]   먼멧재와 펀치볼 그리고 돌산령터널의 끝 / 72

[5일째]   두타연의 비목 그리고 가시철망, 평화의 꽃으로 피어나다 / 86

[6일째]   수변의 아침, 평화의 댐 그리고 안보의 역설 / 98

[7일째]   아무도 가지 않는 길, 수리봉 / 110

[8일째]   옷도 신발도 피부도 젖어 넘는 말고개 / 124

[9일째]   선물 같은 무지개, 암정교의 상흔과 끊어진 철교 그리고 정연리의 은하수 / 136

[10일째] 철마는 달리고 싶다, 월정리역 그리고 철책선 너머의 백로와 고라니 / 150

[11일째] 화랑고개와 통일의 열쇠, 이철우의 기도 / 164

[12일째] 다시 사람들이 다니는 길, 통일꾼들이 모이는 민통선 / 178

[13일째] 임진강이여, 통일의 강이여 / 192

[후기 하나] 길에 대한 미련, 다시 걷겠다는 약속 / 210

[후기 둘] 잊을 수 없는 사람들, 민통선 길 위의 사람들 / 212

[후기 셋] 민통선의 10경 그리고 마음에 남겨둔 길 / 225

[에필로그] 민통선을 더 잘 걷기 위해 / 235

[참가기] 최태영, 임찬기, 김정빈, 김영필, 송준호, 양명희, 정창우
         김은식, 김호경, 이병철, 김담 / 241

[민통선 생태기록] 12박 13일 민통선에서 만난 꽃과 식물들 / 257

책을 한 권 내고자 걸은 길은 아니었습니다

「2017 통일걷기, 민통선을 걷다」는 처음부터 책을 한 권 내고자 걸은 길은 아니었습니다. 그러나 책을 만들어 보기로 했습니다. 통일의 길에 도움이 된다면 마다할 일은 아니기 때문입니다.

통일, 평화, 생명의 길을 걸었다는 자부심이 소중한 만큼 공유하는 것도 책무이다 싶었습니다. 적어도 함께 걸은 사람들은 왜 이렇게 한심한 짓을 했나, 반문한 사람은 없었습니다. 더 많은 사람이 함께 걷지 못한 것이 아쉽기만 했습니다.

민통선을 걷는 것도 그랬지만 그 얘기를 책으로 쓰는 것도 조심해야 할 대목이 많았습니다. 역시 안보고 보안 관련된 사항입니다. 사단과 부대명, 지휘관이나 장교명 등을 익명으로 처리하고 사진의 선택도 모자이크 처리하거나 가려가며 신경 써야 했습니다. 그렇게 하니 생동감이 떨어집니다.

그래도 이 책의 얘기는 살아있는 얘기입니다. 공상으로 쓴 얘기가 아니라 직접 걷고 느끼며 쓴 글이기 때문입니다. 상상조차도 그 길에서 직접 발을 딛고 떠올린 얘기라 차원이 다릅니다. 길은 우리에게 풍부한 상상력, 위대한 꿈을 살아있는 것으로 배태시켜 주었습니다.

길과 땅에 얽힌 사연, 함께 걸은 사람들, 그 사람들과의 인연, 간단한 에피소드, 노변정담의 교훈들을 위주로 소개하였습니다. 그리고 지도, 거리, 소요시간, 식당이나 숙소 등도 함께 수록했습니다. 뒤에 걷는 사람들을 위해 조금이라도 도움이 되고자 함입니다.

걷는 시간대별 이야기로 즉 일지 중심으로 쓰고 사람, 주변 시설, 문화, 생태의 스토리들을 접한 순서대로 기술했습니다. 일관된 체계가 아니라 자칫 산만해 보일 수 있습니다. 그렇지만 첫 시도라 양해를 구합니다.

원고를 쓰고나서 보니 혼자의 경험을 중심으로 수록했습니다. 모두의 경험을 바탕으로 공동창작하지 못했습니다. 길은 함께 걸었는데 글은 혼자서 쓰며 생긴 오류가 많을 수밖에 없습니다. 스무 명에서 백여 명에 이른 행렬이 이뤄낸 향연은 한 사람이 담아내기에는 고백컨데 역부족이었습니다. 부족한 책임은 내년에 후년에 다시 걸을 때 채워 보겠습니다.

그래도 감사의 인사를 남겨야 할 사람들이 있습니다. 이 책이 나오도록 기억을 함께 모아준 최웅식 오상택 이기진 한돈길 후배들의 공이 컸습니다. 그리고 언제나 그렇듯이 홍성자 비서관이 글과 사진을 정리하느라 늦게까지 고생이 심했습니다. 사진을 빌려주신 김은식 교수님과 네이처링의 강홍구 대표의 도움도 감사합니다. 굿플러스의 이재교 대표는 특별히 감사합니다. 사진을 내어주신 것도 모자라 편집과 출판에 큰 도움을 주셨기 때문입니다.

더 많은 통일걷기를 기대합니다.

2017년 12월
국회의원 이인영

민통선이 분단과 적대와 죽음의 땅을 넘어 통일과 평화와 생명이 충만한 길로 거듭 나길 희망합니다

저와 우리 일행은 2017년 8월 3일 오전 10시, 고성에서 출발하여 8월 15일 오후 2시에 임진각에 도착하는 긴 여정을 목표로 민통선 대장정에 나섰습니다.

우리는 통일행동, 평화행동, 생명행동으로 통일걷기 행사의 의미를 규정하고 지도상의 248km, 실제로는 337km에 달하는 민통선 길을 걷기 시작했습니다. 통일걷기에 참가한 일행 모두는 민통선 길을 넘어 휴전선을 뚫어내는 통일의 길이 열리길 희망했고, 북의 핵과 미사일의 위협 속에서도 평화의 길을 내고자 열망했으며, 버려진 땅에서 피어나는 새로운 생명의 길을 갈망했습니다.

민통선 내부의 길 60%, 민통선 외부의 길 40%로 구성된 2017년 통일걷기는 처음 준비과정부터 쉽지 않았습니다. 그곳은 단지 군사행정의 통제선이 아니라 우리 안의 편견과 관성을 깨고 나서야 하는 발상의 전환이 필요했기 때문입니다.

국회 외교통일위원회 활동을 시작하면서 이 길에 대한 처음 구상은 DMZ를 걸어보는 것이었습니다. 분단과 적대와 죽음의 첨예한 상징이었기 때문입니다. 그래서 DMZ를 걸어보겠다고 하니 국방부 관계자들은 주저함 없이 안 된다고 대답했습니다. 거부의 명분은 DMZ에 들어가려면 UN 군사정전위원회의 허락이 있어야 하는데 가능하지 않다는 것이었습니다.

　그래서 다음으로 생각한 게 분단의 또 하나 상징인 남방한계선의 철책선을 따라 걷는 것이었습니다. 그런데 이 역시 군정위의 허가가 있어야 하며 불가능하다고 했습니다. 단 1km라도 걸어보자고 했지만 돌아온 대답은 마찬가지로 'NO'였습니다. 문득 내 조국의 땅이 우리 땅이 아니라는 서글픈 생각이 엄습해 왔습니다.

　그래도 가보고 싶은 생각을 포기할 수 없어 차선책으로 택한 생각이 민통선을 걷는 것이었습니다. 처음에는 민통선을 걷기조차 쉽지 않았습니다. 국방부는 이른바 안보 관광지를 제외하고는 안전을 이유로 민통선 아래 코스를 걷도록 제안하였습니다. "길이 제대로 나 있지 않다", "비가 많이 와서 지뢰가 떠내려와 있을 수 있다"는 등등의 이유가 뒤따랐습니다. 그러면서 DMZ 국토 대행진 행사를 하는 다른 팀들도 다 그렇게 걷는다고 했습니다.

　그사이 정권교체도 있었고 대북정책의 변화도 예고되면서 긍정적 응답이 시작되었습니다. 군의 통제에 우리 일행이 최대한 협조할 것을 약속하면서 겨우겨우 설득 끝에 민통선을 걷는 것에 국방부는 동의하였습니다. 한때는 건봉산에서 향로봉에 이르는 길도 허용할 듯했고 판문점 방문도 가능하다 했었습니다.

　그런데 향로봉 주변은 군사적 보안과 안전을 이유로, 판문점은 휴일 방문이 안 된다는 이유로 불가하다는 대답이 돌아왔습니다. 아쉽지만 마침내 전 구간의 50~60% 정도를 민통선 안으로 들어가 걷는 걷기 코스를 만들면서 우리의 준비는 활기를 띠게 되었습니다.

　계획이 최종 완성되기까지 국방위원회의 김병기 의원이 이러한 제

안에 흔쾌히 합류해 주었습니다. 환경노동위원회의 송옥주 의원도 주저 없이 함께하겠다고 응답했습니다. 통일에 대한 간절한 염원과 튼튼한 국방에 기초한 확고한 평화와 버려진 땅에서 다시 피어나는 생명의 경이로움을 향한 국회의원들의 의기투합이 시작되는 순간이었습니다.

우리가 직접 걸은 민통선은 휴전선이나 남방한계선처럼 철책이 길게 늘어져 있는 공간분할 적 통제선은 아닙니다. 그나마 민통지역의 출입구를 지키고 있는 군의 검문소가 민통지역의 구분을 알게 해줄 뿐 통념으로 갖고 있던 확연한 구분은 그리 많이 눈에 띄지 않았습니다.

검문소를 지나 민통선 안쪽으로 들어가도 정작 민통선 안과 밖의 차이를 체감적으로 느끼는 게 쉽지 않습니다. 방공호와 대피소 그리고 자주 눈에 띄는 지뢰밭 등이 '여기가 민통선이다'는 자각을 놓치지 않게 할 뿐입니다. 주민들의 일상생활도 민통선 밖에서 주로 살고 있는 우리의 삶과 유사합니다.

파프리카 농사도 짓고 있고 마을마다 체험관, 평화관 등을 만들어 지역발전을 위한 자구적 노력도 하고 있습니다. 단순 군사경제의 수준을 넘어서기 위해 군과 협력해서 지역의 경제에 도움이 될 수 있는 다양한 방안을 강구하는 모습도 엿보았습니다. 조금이라도 더 관광객이 다녀가도록 만든 둘레길, 평화누리길, 백두대간 트레일 등이 그 사례입니다.

그러나 DMZ가 그렇듯이 민통선 역시 기본 성격은 헤어짐, 적대의 상징입니다. 집단 이주의 역사를 가진 마을도 있고 집단농장의 과

거를 가진 마을도 있습니다. 개발에서 지체된 소외감도 그렇지만 사람들의 삶이 아직은 온전치 못합니다. 또 밤새 대남 대북 방송이 들려 잠을 설치고, 그래서 민통선 안에서 전쟁의 공포를 떨치는 것은 쉬운 일이 아닙니다. 그런 면에서 아직 민통선 길은 사실은 멍든 길입니다.

이 민통선을 만남과 화해 그리고 새로운 생명으로 가는 길로 바꾸고 싶었습니다. 농부들의 차량, 공사 차량, 안보관광객 등으로 열리기 시작한 민통선을 조금 더 열고 싶었습니다. 아직은 '안전'을 이유로, 또 '안보'를 이유로 우리를 민통선 밖에서 서성이게 하지만 언젠가 우리는 더 많은 사람과 더 넓게 민통선을 걷게 될 것입니다. 이 길에서 우리는 평화로 만드는 남북 공동번영의 첫 삽을 다시 뜨게 될 것입니다.

세계적 차원에서 생태의 보고인 DMZ는 냉전이 야기한 근현대 유적, 유물, 문화적 가치를 고스란히 품고 있습니다. 생태적 가치 역시 DMZ만큼은 못되지만, 민통선 내부지역도 매우 독보적인 생태의 가치가 담겨 있습니다. 민통선을 걷는 청년과 시민들이 지금은 많이 해야 1년에 수백 명 수준이겠지만 앞으로 수천 명, 수만 명이 걷게 되길 바랍니다.

그러면 민통선에는 통일로 가는 길뿐만 아니라 생명으로 가는 새로운 길이 나게 될 것입니다. 이 길에서 매일 매시간 속도와의 전쟁을 치르고 있는 우리의 삶을 천천히 돌아보는 '느루길'도 만들어 보고 싶습니다. 우선 찻길이 된 아스팔트보다 사람 길인 흙길도 많이 만들고, 경우에 따라 포장이 안 된 군사작전도, 임도 등을 사람과 자연과 동물이

13

공존하는 길로 만들면 좋겠다 싶었습니다.

'환경·생태·기상 ICT 융합포럼' 사람들과 같이 걸으면서 꽃과 나무와 풀과 그리고 간혹 곤충의 사진을 찍어서 사이트에 올리며 작은 시도를 했습니다. 네이처링(www.naturing.net)의 미션 사이트에 '248km 민통선을 걷다'에는 25명이 239종의 자연을 505회 관찰한 소중한 기록이 남아 있습니다. 분명히 이 길은 모든 길을 차와 돈에 내준 도시의 길과는 다른 길이 될 것입니다.

아직은 덜 발전했지만, 포탄 자국의 노동당사, GOP 전망대, 땅굴, 막혀버린 금강산 길과 다리, 끊어진 철길과 역사 등을 보면서 단순한 안보 관광지를 넘어 세계적 수준의 근현대 문화유적지로 탈바꿈시키는 평화의 꿈도 품어 보았습니다. 이 또한 동떨어진 상상이 아니라 길 위에서 길을 걸은 자만이 품을 수 있는 구체적이고 간절한 비전입니다.

정말 한동안 발목이 묶여 서성이게 되는 자신을 돌아보며 거기에서 다시 생각하는 인류의 평화는 관광과 돈 그 이상의 가치리라 확신합니다.

군의 배려로 남방한계선 철책선을 1km쯤 걷게 되었습니다. 평화의 꿈 꼭 그만큼 값진 생명의 평화를 만났습니다.

철책선 건너편 개천 건너에 백로와 고라니가 5m 내에서 평화롭게 물을 마시고 있었습니다. 그 광경 앞에서 총을 들어 사냥하거나 동족을 향한 적대를 맹세하는 일은 참 쉽지 않을 겁니다. 전쟁으로부터의 평화와 새 생명을 향한 생태의 평화는 그렇게 완전히 하나가 될 수 있겠다 싶었습니다. 완전한 생명의 시간 역시 평화 없이는 불가능할 겁니다.

　민통선은 휴전선을 향하여 점차로 올라가고 있습니다. 꿈쩍도 하지 않던 민통선이 움직이기 시작한 것은 얼마 되지 않습니다. 1983년에는 군사분계선의 이남 20~40km였던 것이 1993년에는 군사분계선의 이남 10~20km로 줄어들었고 1997년에는 5km, 2008년에는 또 5km가 줄어들어 지금은 군사분계선 이남의 5~10km 정도를 남겨두고 있습니다.

　이 거리가 줄어드는 만큼 우리가 평화를 통해 통일로 한 발 더 다가서는 것이기를 희망합니다. 그런데 최근의 현실은 거꾸로 가고 있습니다. 통일이 더 멀어지고 있다는 두려움이 어느덧 우리를 엄습해옵니다. 사실 민통선을 걷고자 했던 본질적 이유는 바로 이것입니다.

　통일이 멀어지는 시간에 그저 통일이 다가오기를 넋 놓고 기다리는 것을 넘어 통일을 향해 걸어가는 사람들이 있다고, 저와 우리들이고 겨레의 여전한 열망이라고 행동하고 싶었습니다. 지금은 민통선을 걷지만, 언젠가 남방한계선도, DMZ도 걷고 평양과 금강산을 거쳐 정말 백두산까지 걷고 싶습니다.

　한반도의 최근 정세는 점점 엄중해지고 있습니다. 북의 권력은 선핵후평, 선미후남의 자세로 일관하고 있습니다. 남의 정권은 지난 10년간 보수 정권의 후과로 곧바로 화해와 협력의 길로 나서지 못하고 있습니다. 미국은 북과의 대화나 협상을 어리석은 일로 생각하고 있습니다. 중국은 현상의 변화보다 관리에 중점이 있어 보입니다. 일본은 북핵을 명분으로 자국의 재무장에 더 많은 관심이 있어 보입니다. 러시아는 과거보다 영향력이 약화되어 있지만 언제든지 변수가 될 수 있습니다.

정권만 바뀌면 가능할 것 같던 남북의 평화적 발전의 길은 요원해 보입니다. 그만큼 통일의 길이 멀어진 것입니다. 게다가 한술 더 떠서 제2차 분단 고착화의 위기마저 밀려옵니다. 제1차 분단이 미소의 패권시대에 의한 것이었다면 미·중에 의한 패권시대에 우리가 잘못 대처하면 분단은 다시 항구화될지도 모르겠습니다.

과거에 우리는 식민의 경험과 연이은 전쟁으로 우리 민족의 운명을 남에게 내주었습니다. 지금은 그보다는 약할지 몰라도 THAAD와 북의 핵미사일로 우리 운명의 운전대를 완전히 움켜쥐지 못하고 있습니다.

하필이면 이 길을 걷기 직전에 북의 미사일 실험이 있었습니다. 그리고 추가 실험의 징후가 곳곳에서 감지되면서 우리를 비난하는 여론도 조작되었습니다.

말로는 평화를 얘기하면서 아무 때나 안보장사를 해 먹는 보수정치권 일부와 보수언론 일부의 한심한 작태를 탓하기 전에 망설여지는 것 또한 사실이었습니다. 그러나 몇 번을 생각해도 북이 핵과 미사일을 쏘아도 우리는 평화를 쏘고 통일의 씨앗을 심어야 한다고 생각했습니다. 그래서 주저 없이 2017년 통일걷기, 민통선을 걸었습니다.

통일걷기는 고 문익환 목사님이 만드신 통일맞이가 2000년에 처음 시작하여 몇 해 전까지 꾸준히 해왔던 사업, 즉 DMZ 평화걷기와 궤를 같이합니다. 명칭과 코스는 다르지만 이런 류의 행사를 하는 사람과 단체도 점차 늘어나고 있다고 합니다. 산악인 엄홍길 씨도 최근 5회째 DMZ 대장정을 마쳤다고 합니다. 정부에서도 산림청, 국립생태원 등에서 산림자원과 생태환경 보전을 위해 수없이 답사 활동을 전개하고 있습니다.

국토를 종단하는 백두대간을 국가에서 관리하여 많은 사람이 찾듯이 언젠가 국토를 횡단하는 민통선 안의 지역도 국민 누구나 찾고 다닐 수 있는 환경이 조성되길 희망합니다. 평화와 생태를 배우고 경험하는 생명의 길에서 출발하여 나아가 통일의 꿈을 실천하는 새로운 다님길로 민통선이 탈바꿈하길 기대합니다. 그래서 이 길이 국회의원만이 다니는 길이 아니라 국회의원들이 시작했지만, 국민 누구나 다닐 수 있는 특권 없는 정상의 땅이 되길 희망합니다.

민통선은 민간인 출입 통제선이 아니라 민족통일로 가는 길이어야 하고 평화와 생태의 선이 되어야 합니다. 민통선을 평화와 생태의 선으로 바꾸고 그다음에 휴전선을 통일의 길로 바꾸어야 합니다. 그러면 DMZ는 우리 민족이 보유한 세계 인류의 보고가 되어 선물처럼 우리에게 돌아올 것입니다.

이러한 상상을 현실로 만들기 위해 우리는 2017년 8월 민통선을 걸었고, 역설처럼 그 아름답고 평화로웠던 기록을 남겨 독자들과 함께 나누고자 합니다.

민통선 걷기 D-2 (8.1 화)

마음을 준비하며

여러 가지 준비하느라 분주했습니다. 늘 그렇듯이 준비해도 부족하고 점검해도 빠뜨리는 것이 있기 마련입니다.

그러나 제일 중요한 준비는 '왜 걷는가?'에 대한 대답입니다. 그래서 페북에 글을 준비하며 마음을 다잡아 보았습니다.

"2008년에 800km의 산티아고 길을 걸었습니다. 그 이후 아주 오랜만에 다시 길을 걸으려고 합니다. 이번에는 민통선입니다.

총 거리는 248km랍니다. 사실은 4~50km 더 될지도 모르겠습니다. 길은 직선이 아니라 수많은 곡선이 있음을 알기 때문입니다.

산티아고 길 800km보다 짧은데 걸을 수 있는 기회는 훨씬 제약이 많습니다. 고스란히 분단된 우리의 현실 탓입니다.

핵과 미사일이 위협하는데 평화를 꿈꾸어도 괜찮을까 생각도 해봤습니다. 그래서 더 걷고 싶었습니다. 평화를 갈망할수록 우리의 안보는 더욱 튼튼해질 것이라 믿기 때문입니다.

자연이 참 위대합니다. 긴 세월 버려진 죽음의 땅이 어느새 새로운 생명의 땅, 생태의 보고로 변모하고 있답니다. 그 DMZ를 민통선에서부터 느껴보려 합니다.

20대의 후배들이 기특하게도 느루, 다님의 말들을 찾아내었습니다. 그 순간 멍든 길이 느루길로 다님길로 새로운 활로를 찾는 듯했습니다.

자꾸 걸으면 다니는 길이 되듯 평화와 생태의 새로운 길로 민통선을 바꿔보고 싶습니다.

안전과 안보 때문에 한순간에 모두 다 열 수 없다면 감당할 수 있는 만큼이라도 열면서 걷고, 또 걷다 보면 생각이 달라지기 시작할 겁니다.

매일 매시간 속도와 전쟁하는 우리 삶도 한번 느릿하게 돌아보고, 휴전 이후 65년째 꼬박 겨눠진 서로의 총부리도 천천히 내려놓으며 평화가 만들어가는 공존 번영의 상징도 함께 만들 수 있을 겁니다.

통일을 향해 걷다 보면 통일의 길을 열고 통일의 큰 문에 어느 순간에 다다를 수 있을 겁니다. 그때 함께 다시 부르겠지요, 우리의 소원은 통일이었다고…"

그리고 일정과 프로그램들을 페친들과 공유했습니다. 매일매일 함께 걷지 못하는 분들도 페이스북으로, 홈페이지로, 트윗으로, 문자메시지로, 인스타그램으로 끊임없이 공유하고 때로는 소통하기 위해서입니다.

간단한 가이드북도 만들고 그날그날 걷기 코스마다 간단한 설명과 주의사항도 덧붙였습니다.

248Km, 민통선을 걷다 일정표

일차	날짜	출발지점	통과지점	도착지점	거리	숙박지
1일차	8월 3일(목)	고성 통일전망대	DMZ 박물관 → 명파리 마을 (최북단 마을)	건봉사 (고성)	24km	금강산콘도
2일차	8월 4일(금)	건봉사	소똥령길 → 진부령	진부령 미술관	22km	국회 고성연수원
3일차	8월 5일(토)	진부령 미술관	칠절봉 → 대곡리	인제 서화면	18km	DMZ 생명평화동산
4일차	8월 6일(일)	인제 서화면	양구 → 을지전망대 → 만대리 → 도솔산지구	양구 동면	27km	양구군 동면 임당리
5일차	8월 7일(월)	양구 동면	비득안내소 → 두타연 → 이목정 안내소	양구 방산면	18km	양구군 방산면 현리
6일차	8월 8일(화)	양구 방산면	점말 → 천미리 → 천미계곡 → 비목공원	화천 평화의댐	17km	화천군 화천읍 풍산리
7일차	8월 9일(수)	화천 평화의댐	가는대 → 수리봉 → 산양리	화천 산양리	17km	화천군 상서면 산양리
8일차	8월 10일(목)	화천 산양리	말고개 → 마현1리 → 승리전망대	화천 사곡리	24km	철원군 근남면 육단리
9일차	8월 11일(금)	화천 사곡리	DMZ 생태평화공원 → 김화읍 → 토성리	철원 정연리	21km	금강산역 체험관
10일차	8월 12일(토)	철원 정연리	양지리 → 월정리전망대	철원 두루미평화관	21km	두루미 평화관
11일차	8월 13일(일)	철원 두루미평화관	대마리 → 마전리 → 합수리 → 태풍전망대	연천 옥계리	20km	연천군 신서면 도신리
12일차	8월 14일(월)	연천 옥계리	북삼교 → 백학 → 전동리	연천 장남교	25km	한반도 통일센터
13일차	8월 15일(화)	연천 장남교	도라전망대 → 남북출입사무소	임진각	21km	

저녁에는 이야기 꽃이 피어납니다.

노변정담 - "HELP, WE CAN DO IT"

- **History** : 강만길 교수의 '분단에서 통일로, 역사를 바꾼다는 것' (8.3)
- **Eco** : '이런 곳은 또 없다. DMZ 생태교감' 국립생태원 최태영 박사의 관찰기 (8.4), 김은식 교수 (8.8)
- **Life** : '땅은 생명이다' DMZ 생명평화동산 정성헌 이사장의 우리 몸과 먹고사는 생명이야기 (8.5)
- **Peace** : '국방의 다른 이름은 평화입니다' 김동엽 경남대 교수의 평화 국방이야기 (8.6)
- **Words** : '통일은 말부터', 김진해 교수가 들려주는 달라진 남과 북의 말 잇기 해법' (8.12)
- **Economy** : 이영훈 박사가 전해주는 '북한경제 실상과 한반도 신경제지도' (8.10)
- **Cartoon** : 만화로 이야기하는 박시백의 조선왕조실록 '원래 우리는 하나였어' 8.9)
- **Art** : 이외수 선생의 문학방담, '최고의 예술은 사람이다. 사람을 살리는 통일과 문학 이야기' (8.10)
- **Nature** : '미래자원 곤충', 권오석 박사의 남북곤충 들여다보기 (8.11)
- **Design** : 미래를 디자인하다. 통일의 문턱에서 듣는 정구민, 곽노준 교수의 '4차 산업혁명과 인공 지능시대' (8.13)
- **One** : '아버지에서 아들로, 대를 이은 사랑가' 문성근의 통일맞이 (8.7)
- **Initiative** : '여기는 매일 통일을 만드는 곳' 김진향 교수의 개성공단 이야기(8.14)
- **Twinkle** : '반짝반짝 DMZ' 이병철 기상과학관과 함께하는 별자리 여행 (8.11)

일일 기준 시간표

시각	프로그램	비고
05:00~06:00	기상	세면 및 자기정비
06:00~07:00	아침식사	출발지점으로 이동
07:00~12:00	도보행진	50분 도보, 10분 휴식
12:00~13:00	점심	
13:00~15:00	휴식	오침, 이야기 등
15:00~17:00	도보행진 시작	50분 도보, 10분 휴식
17:00~18:00	숙소이동	
18:00~19:00	숙소	자기정비
19:00~20:00	저녁식사	
20:00~21:00	노변정담	
21:00~22:00	정비 및 취침	

이렇게 통일걷기의 프로그램을 완성했습니다.

태몽처럼 꽂히는 꿈, 통일

민통선 걷기 하루 전입니다.

길을 떠나기에 앞서 마음속에 번민이 끊이지 않습니다. 병원에 아내를 남겨두고 민통선 길을 나서는 것이 자꾸 주저되기 때문입니다.

지난여름 아내는 몹시 아팠습니다. 7월 11일 새벽, 두 번의 경련에 놀라 아내를 병원 응급실로 옮겼습니다. 오전 내내 진단 끝에 아내는 전격성 심근염으로 에크모 시술을 받았습니다. 일주일 만에 깨어났지만, 그 후유증으로 뇌졸중의 위협이 깨끗이 제거되지 않은 상태에서 길을 떠나는 것이 간단치 않습니다.

마음을 다잡고 길동무가 되어줄 등산화에게 다시 얘기했습니다. 잘 걸어보자고…. 그리고 페북에 다시 한 페이지 글을 남깁니다. 그리고 짐을 쌉니다. 작은 트렁크와 등산용 배낭에는 기본 짐이 들어찹니다.

아내는 병상에서 선크림을 강조하지만 저는 그냥 맨몸으로 걷고 싶습니다.

"산티아고 길을 걸었던 오래된 등산화를 털면서 민통선을 걸어갈 최근의 등산화를 선택했습니다.

왜 걸으려 하는 걸까? 다시 반문합니다. 오래된 생각을 실천하기 위해섭니다. 정말 통일걷기를 시작하려 걷습니다.

우선 걸으면서 해야 할 일이 하나 있기 때문입니다. 저는 제 목숨보다 소중한 사람을 위해 기도하며 걸을 겁니다.(치명적 삶의 위기에서

막 헤쳐 나온 아내를 위해 아주 절실하게 기도하며…)

그럼에도 불구하고 고백컨대 저는 기도가, 절박함이 참 부족한 사람입니다. 그래서 퍽퍽해진 가슴이 부끄러운 적도 많습니다.

사랑하는 사람을 위해 아무것도 할 수 없었을 때, 눈물로 절실하게 제 자신을 현장에 던질 수 없었을 때, 솔직히 그럴 때마다 그저 저는 묵묵히 길을 걷곤 했습니다.

그 덕에 크게 흔들리지 않고 끈기 있게 끝을 보는 법은 좀 알게 되었습니다. 지금도 꼭 그렇습니다. 길이 없으니 길을 찾아 나서고 길의 끝을 보려 합니다.

우리 현실은 사드도 답답하고 핵과 미사일은 정말 더 답답합니다. 어느 것도 우리의 문제를 해결해 주지 못하기 때문입니다.

북은 반대쪽으로 가고 있고, 미국도 중국도 지금 우리가 헤쳐나가고 싶은 운명의 늪에서 힘이 되어주지 못합니다. 솔직히 해법도 묘연합니다.

사드로 투쟁하는, 대선의 약속을 지키라는 외침에 당장 함께하지 못해 죄송합니다. 아직도 민통선 걷기를 안보 불감증에 빠진 철부지 같은 생각이라 쏘아대는 분들께도 그냥 대꾸하지 않겠습니다.

그러나 저는 좀 걸어야 하겠습니다. 길게 걸어 오래 흔들리지 않을 평화와 통일로 가는 확고한 노선을 새롭게 세워 보겠습니다.

북에도 한마디 남기며 걷겠습니다. 핵과 미사일이 북의 운명은 물론이고 우리 겨레의 운명을 바꿔주지 못한다고, 대화에 나서라고 말입니다.

문익환 목사님의 뜨거운 가슴과 임수경의 향그런 가슴이 핵과 미사일의 위협에서는 부활할 수 없습니다.

우리는 김대중 노무현 대통령과 북의 최고 정상 간의 역사적 만남과 그 감격을 오늘 이 시간에 다시 보고 싶습니다.

우리는 유불리 문제로 핵과 미사일을 반대하는 것이 아닙니다. 언제나 항심으로, 우리의 가치와 철학으로 그리고 확고한 신념으로 다른 선택을 결단하는 것입니다.

남에 핵이 있다 했던 시절에도 우리는 반대했고 앞으로도 그럴 겁니다. 평화와 통일에 가까이 다가서려면 제일 먼저 버릴 것이 핵이라고 생각했었습니다.

무슨 차이가 있냐고, 이명박·박근혜 정부와 무엇이 다르냐고, 이럴 때 저는 대화와 화해의 진심이 다르지 않냐고 바보같이 대답하겠습니다.

민통선, 민간인 출입통제선이 민족통일선이 되는 날을 꿈꾸기 시작했습니다. 정말 문득 제 가슴에 들어와 태몽처럼 꽂혔드랬습니다.

그렇지만 누구도 그 길이 민통선으로 끝날 거로 생각지 않습니다. 우리가 6월항쟁 때의 민주주의, 그 끝을 보고 있듯이 통일의 그 끝을 보러 가는 길입니다.

우리, 다시 만나야 하지 않겠습니까? 미국과도 중국과도 얘기하고 또 대화하려 하면서 왜 우리 겨레끼리는 다시, 먼저 만날 수 없을까요?

이 단순한 질문을 하고 아주 단순한 대답을 만들며, 옛날부터 반복된 설계도가 아니라 새로운 청사진을 하나 만들어 보겠습니다.

잘 걷고 오겠습니다. 걸으면서 중간중간에 소식 전하겠습니다."

그 사이 의원회관의 보좌진들은 일주일 간 집중해서 준비물들을 꼼 꼼히 챙겨놓았습니다

차량 2대, GPS 2대, 초소형 녹음기 3대, 무선마이크 1대, 빔프로젝 터, 빔스크린, 메모리카드 2개, 외장하드 2대, 루프탑 텐트, 무전기 5 대 대여, 차량경광등 2개, 전자신호봉 5개, 차량 안전삼각대 1개, 호루 라기 10개, 안전조끼 5벌, 랜턴 3개, 다회용 우의 50개, 일회용 우 의 100개, 손수건, 조끼, 비상용 스틱 10개, 구급약 2상자, 모기약, 현 수막, 자료집, 기타 문구와 공구 등입니다.

그리고, 참가하는 사람들에게 문자를 보내 토시, 선크림, 선글라스, 개인용 스틱, 모자 등은 각자 준비하라고 요청했습니다.

1일

8월 3일 목요일 맑음 총 27km 32,941보

10시 50분   717OP 집결
11시 30분   출정식_고성통일전망대
12시 35분   남북출입사무소
13시 20분   명파리(점심)
15시   마달리
17시   송강리
18시   건봉사

통일전망대와 해금강,
문 닫힌 남북출입사무소를 다시 열고 싶다

I

민통선 걷기 첫날, 새벽 6시, 서울에서 출발하는 우리 일행 20여 명은 국회 의원회관 앞에 집결했습니다. 저와 우리 방 보좌진, 박동철 최웅식 홍성자 오상택 이기진 한돈길 정주영과 송윤철 후배, 사진과 동영상을 담당할 이재교 대표와 이재수 후배, 대학생 참가자 김준아와 김상동, 서울시당의 조원영 대학생위원장, 조성대 교수와 강소연 대표와 그녀의 친구 김호경 작가, 저의 오랜 친구 김진영과 이용갑 부사장 그리고 그의 동료 고명주 상무 등 스무 명 남짓한 인원이었습니다.

날씨는 아주 맑음을 예고했고 어쩌면 가장 무더운 하루가 될지도 몰랐습니다. 실제로 단 한나절의 햇볕만으로 우리 일행 중 자외선 차단제를 바르지 않은 사람들은 거의 화상에 가깝게 피부가 붉어졌습니다. 제가 그 대표적인 사람의 하나입니다. '이 정도야'라며 무시했다가 며칠은 족히 고생했습니다. 얼굴과 팔뚝의 붉어진 피부를 진정시키느라 일주일 간 알로에 한 통을 다 썼습니다.

무엇이 그 무더운 여름의 한복판에서 화상에 가까운 고통을 이겨내며 우리를 걷게 했을까, 통일전망대 출정식에 함께 한 사람들은 알기 시작합니다.

한여름의 따가운 햇볕을 이기면서, 아니 견디면서, 과연 임진각까지 걸어낼 수 있을까? 게다가 하루 이틀은 폭우도 쏟아질 텐데…. 아마 문화체험이라면 굳이 이 길을 선택할 이유가 없었을 것입니다. 다이어트 프로그램으로도 다른 좋은 곳이 더 많았을 것 같습니다.

오전 10시, 우리 일행은 통일전망대 입구의 군 통제선에서 다른 일행들과 합류하게 되었습니다. 동료인 국방위의 김병기 국회의원과 보좌진들, 강원도당 위원장인 심기준 국회의원과 보좌진들, 국립생태원의 이희철 원장과 최태영 박사와 김영진 박사, 서울시의회의 김동욱(서울시의회 더불어민주당 원내대표) 의원과 성백진(전 서울시의회 부의장) 의원과 박운기, 김인제, 우창윤, 김혜련 의원, 고성군의 함명준 의원, 신선익 속초시의회 부의장을 비롯한 당원들 등 80여 명의 사람들이 속속 모였습니다.

간단한 수속을 마친 뒤 우리는 차량을 이용해 곧장 군의 717OP 전망대를 향했고, 오전 10시 20분쯤 우리는 거기서 기가 막힌 날씨와 함께 DMZ와 그 너머의 북녘땅을 바라보게 되었습니다.

한눈에 금방이라도 달음박질치면 도달할 것 같은 해금강과 금강산이 와락 눈에 들어왔습니다. 그때 눈 앞에 펼쳐진 아름다운 풍광에 감탄하다가 문득 분단된 조국의 현실을 목도했습니다. 군이 줌인(zoom-in) 한 카메라에 휴전선 표식이 부식된 목책과 함께 들어왔기 때문입니다.

그러나 곧 정면에 금강산 철길과 도로도 한눈에 들어오고, 왼쪽으로 구름을 머리에 이고 자신을 다 드러내지 않는 금강산의 전경이 다시 시야에 잡힙니다.

10년 전 금강산을 다녀왔었는데 그 기억이 새롭습니다. 혹시나 정권교체를 당하면 금강산을 또 가기 어려울지 모르겠다 싶어 당원들과 다녀온 것이 마지막이 되었습니다. 그전에 어머니 모시고 금강산 다녀온 것을 참 잘했다고 생각했었는데, 이런저런 상념에 마음이 잠시 답답해졌습니다.

22사단의 000사단장과 해설 장교의 친절한 설명이 이어졌지만, 귀에 잘 들어오지 않습니다. 설명을 이해 못 해서가 아니라 꽉 막혀버

린 이 현실을 받아들이기 어려워서입니다. 여러 상념의 시간을 뒤로 하고 군의 통제 범위 안에서 기념촬영을 했습니다. 일행 중 어떤 이들이 해금강을 뒤로하고 약간은 들뜬 마음으로 말합니다. 다음에 꼭 금강산까지 함께 가자고…. 정권을 교체한 지 얼마 지나지 않았으니 충분히 기대함직한 바램입니다.

저와 김병기 의원 그리고 심기준 의원은 적은 정성을 담아 GOP 근무자들을 위한 위문금을 전달했습니다. 우리 보고 북핵 미사일 도발 속에 철없이 민통선을 걷는다며 차라리 전방에 근무하는 군을 위문 방문하라는 일부 언론의 못된 편향도 거슬렸지만, 그에 대한 알리

바이보다는 우리 마음이 처음부터 그렇게 끌렸습니다. 원래 우리 계획에 민통선 걷기와 군에 대한 위문금과 위문품 전달은 있었다고, 이런 걸 사진 찍어 반박의 근거로 보도 자료를 만들고 싶지도 않았습니다.

40여 분의 시간을 소요하고 우리는 다시 통일전망대 앞으로 차를 타고 이동하여 모였습니다. 마침 기다리고 있던 속초고성의 시민사회관계자들과 기념촬영도 하고 곧바로 출정식을 거행했습니다. 취재를 나온 언론인 외에도 어느새 100여 명 넘게 인파는 늘어나 있습니다. 사람들 속에 강원도의 정만호 부지사, 속초의 정연석 사장과 김

봉준, 김동수 그리고 강릉의 김경수 위원장의 모습도 눈에 띕니다.

　　오전 11시, 간단한 출정식이 시작되었습니다. 김병기 의원의 '건강
하게 잘 걷길' 바란다는 인사말에 이어 심기준 의원은 '평창올림픽
의 성공을 위한 국민의 관심'도 요청했습니다. 김병기 의원은 많이 걷
지 못했는데 내년에는 몸을 만들어 절반쯤은 걸어보겠다고 했습니
다. 심기준 의원은 우리가 지나는 지역의 민주당 지역위원회마다 연
락해서 그때그때 결합하도록 조치를 취한답니다.

　　출정식 인사말에서 저는 우리들의 2017년 통일걷기에 다음과 같

이 의미 부여를 했습니다.

"2017년 통일걷기에 참석해 주신 여러분께 감사드립니다. 오늘 우리는 비록 민통선을 걷지만 언젠가 DMZ도 걷고 휴전선을 넘어 평양과 금강산을 넘어 백두산까지 갈 겁니다. 2017년 통일걷기는 첫째 통일행동입니다. 둘째 평화행동입니다. 셋째 생태행동입니다.

언젠가부터 통일이 멀어지고 있다고 생각했습니다. 무언가 해야 했고 DMZ를 걷고자 했지만 그럴 수 없어 민통선을 걷고자 합니다. 우리가 걷는 만큼 통일에 다시 가까워질 수 있기를 희망합니다. 오늘 우리의 걷기는 통일행동입니다. 그러나 큰 행동은 아니고 작은 행동에 불과합니다. 그렇지만 오늘의 이 행동은 분명 통일로 나서는 새로운 시작이라고 생각합니다.

북의 핵과 미사일 위협의 이 와중에 다시 우리는 간절히 평화를 원합니다. 그런 면에서 평화행동입니다. 북은 미사일을 쏴도 우리는 평화의 씨를 뿌리고 평화를 쏘겠습니다. 그런 면에서 북의 핵미사일 위협이 진행되는 이 시점에 북에도 한 마디 남기고 걷겠습니다. 북의 핵과 미사일 고도화가 북의 운명을, 궁극적으로 우리 민족의 운명을 바꾸지 못합니다. 북은 빠르게 대화와 협상의 길로 나오길 촉구합니다. 한반도 비핵화와 우리 민족끼리의 정신은 전민족적 합의였다는 점을 강조하고 싶습니다.

자연이 참으로 위대합니다. DMZ가 어느새 세계적 생태의 보고로 변했다고 합니다.(평화와 생태는 낯선 관계 같지만, 정확히 하나입니다. 평화가 무너지면 사람과 사회가 파괴되는 것을 넘어 자연이 가장 많이 파괴됩니다.) 민통선에서 그 너머에 있는 DMZ를 보면서 버려진 땅이 잉태한 새로운 생명을 만나 보겠습니다. 자연과 동물과 사람이 하나 되는 세상, 그리고 빠르게 살던 도시의 생활과 달리 느리게 사는 삶의 길도 만나 보겠습니다."

태양은 점점 고도를 높이고 있고 그 높아지는 고도만큼 땅의 열기 역시 뜨거워지고 있었습니다. 일행들은 자외선 차단제를 바르기 시작했지만 간단한 인터뷰를 소화하느라 정작 저는 따로 썬블록(sun block)을 할 여유를 찾지 못합니다.

조금 걷다가 쉬는 시간에 썬크림을 바르려고 했는데, 방송사의 카메라가 우리 일행의 걷는 모습을 촬영하려고 중간중간에 기다리고 있어서 저의 피부는 도합 두 시간이 넘어 점심시간이 될 때까지 태양에 그대로 노출되었습니다.

이 일로 저는 태양의 무서움을 깨닫게 됩니다. 기후변화와 또 다르게 무시해서는 안 되는 자연에 대한 경외심을 갖게 되었습니다. 그리고 전과 다른 저의 피부 나이도 깨닫게 됩니다. 예전과 달리 손상된 피부는 금방금방 회복되지 않았기 때문입니다.

II

출정식을 마치고 11시 30분쯤, 마침내 22사단의 민군협력 장교 000소령의 안내를 받으며 우리 일행의 행진이 시작되었습니다. 말 그대로 '2017년 통일걷기, 민통선을 걷다'가 시작된 것입니다.

통일전망대의 주차장을 빠져돌며 걷기 시작한 우리 앞에 덥혀지기 시작한 아스팔트가 벌써 뜨겁게 인사합니다, 마치 한 번 고생해 보라는 듯 말입니다.

　처음에 민통선을 걷는다 할 때 사람들은 대부분 두 부류로 나뉘어 진 착각을 합니다. 하나는 DMZ를 걷는 것으로 혼동하는 것이고 또 하나는 최소한 남방한계선 즉 철책선 부근을 걷는 것으로 기대하는 것입니다. 그러나 어느 것 하나도 아직 우리 현실에서 다 불가능합니다.

　처음에 조금만 가면 철책선을 따라 걸으려니 기대한 사람들의 성급한 불평이 나오기 시작합니다. 그래서 슬그머니 민군 장교에게 말을 걸어 보았습니다, 원래 이렇게 철책선을 따라 걷는 것은 불가능하냐고. 민군 장교는 이미 다 알고 민통선 걷기에 참여하신 것 아니냐는 눈빛으로 즉답을 피해 다른 대꾸를 합니다.

　국제 청소년대회가 열린 얼마 전 해안가를 따라서 1km 정도를 걸었는데 그 이상은 군사 보안상 가능하지 않답니다. 그래서 펼쳐진 대부분 길은 아스팔트입니다. 해안선을 걷는 것도 좋을 수 있지만 그건 청소년들에게 해당하는 얘기고 우리는 언젠가 반드시 남방한계선을 따라 임진각을 향하여 가고 말 겁니다.

　3~4km쯤, 한 시간이나 걸었을까 12시 30분 경, 세 번을 다녀 온 금 강산 길에서 만나고 통관했던 남북출입사무소가 눈에 들어옵니다. 워 낙 출발 시간이 늦어져 시간에 쫓겨 지나가기 바쁜 와중에 스마트폰 을 꺼내서 사진을 담습니다. 금강산조차 갈 수 없을 만큼 꽉 막혀버 린 분단의 현실이 못내 아쉬웠기 때문입니다. 다시 금강산으로 가 는 문을 열고 싶습니다. 그런 우리의 마음을 알지도 못하는 듯 마침 내 아스팔트가 먼저 설설 끓기 시작합니다.

　다시 3km를 걸어 오후 1시나 되었을까 싶은데 중간에 마침내 아스 팔트가 적어지면서 옛 도로가 나옵니다. 분단된 상태에서 가장 위에 있는 마을이 옛 제진을 지나고 나니 바로 보입니다. 저도 처음에 낯설었는데 통제하는 진이란 뜻 같습니다. 한 눈에도 마을의 활기가 사라진 침체한 모습이 탁 느껴집니다.

일행 중 한 사람이 자칭 민주당 최북단 당원인 이종복 님을 전화로 불러냈고, 마침 집에 있던 차라 반갑게 달려 나왔습니다. 고성 경기가 금강산 관광의 중단과 함께 곤두박질쳤는데, 그나마 새 도로가 넓은 길로 생기면서 통일전망대 가는 손님들마저 다 빼앗겼답니다. 그래서인지 이제는 식당과 건어물 상가들이 전부 문을 닫았습니다. 자신도 건어물 가게를 닫고 인근 공사판에 일 다니고 있다고 덧붙이면서 말합니다. 마음이 짠해지는 순간입니다.

아쉬움을 뒤로하고 잠시 서서 대화를 나누며 휴식을 취한 뒤 다시 곧바로 걸음을 옮깁니다. 1시 20분경이나 되었을까, 점심을 예약한 식당이 눈에 들어옵니다. 명파리의 해당화 펜션입니다.

　배고픔도 배고픔이지만 뜨거운 아스팔트 길을 걸어온 일행들에게 식당은 더위를 피하기 딱 좋은 곳이 되었습니다. 시원한 에어컨 바람을 쐬며 벌컥벌컥 냉수를 들이킨 이후 땀 냄새 발 냄새 뒤섞여 자리를 잡고 비빔밥을 함께 나눕니다.

　2시 10분까지는 휴식의 시간입니다. 썬블록을 하고 물도 챙기고 신발 끈들도 고쳐 맵니다.

　3시경, 다시 우리는 3km를 더 걸어 마달리에 도착합니다. 마을 입구에 정자가 있었는데 모두가 둥그러니 앉아 휴식을 취하기 더없이 좋았습니다.

마을 어르신들은 인사를 받으시며 입구의 수돗물을 사용하도록 허락해 주셨고 인구가 드문 시골인지라 연신 신기한 듯 바라보십니다.

이때 우리 일행 중 최초의 낙오자가 생겼습니다. 구로구의 김인제 시의원이 점심 먹고 배가 아파 속초로 나갔는데 병원에서는 맹장염 같다며 1차 진단을 내렸답니다.

나중에 들은 얘기지만, 바로 그곳에서 수술해도 될 걸 혹시 아닐지 몰라 3시간을 참으며 고속버스를 타고 서울에 올라갔답니다. 보라매 병원에 도착하자마자 다시 검사했는데 역시나 맹장염 판정을 받고 한밤중에 수술했다고 합니다.

그 뒤 다시 일행은 8km를 걸었고 우창윤 의원은 휠체어를 타고 낮은 언덕에서 내리막길을 달리기도 합니다. 그만큼 차량도 인적도 드문 길입니다. 장애에 굴하지 않는 그의 밝은 모습은 늘 보기가 좋습니다.

오후 5시경 일행은 송강리에서 잠시 휴식을 취했습니다. 삼거리에

서 우회전하고 100m를 지나면 인근의 소나무가 아주 인상적인 곳이
었습니다.

　이제 일과를 마무리할 시간이 되었습니다. 숙소인 금강산 콘도에
서 6시에 저녁 식사가 예정되었고, 7시부터는 강만길 교수님의 노변
정담 강의도 예정되어 있어 몸이 바빠지기 시작합니다. 출발이 늦
은 터라 어쩔 수 없습니다.

　걸음이 늦은 사람은 얕은 언덕길 고개를 넘으면서 차량에 태워 먼
저 숙소로 들여보냈습니다. 그리고 이제 속보가 가능한 사람들이 내
일의 일정에 부담을 줄이고자 오늘의 걷기 목표를 완수하기로 했습니
다.

　선두는 제가 섰고 다시 우리는 5.6km를 걸었습니다. 언덕길을 오
르며 왼쪽으로 저수지가 보일 무렵 뒤따르던 사람들이 쳐지기 시작합

니다. 뒤에 알았지만, 첫 번째 물집은 이날 바로 이 코스에서 시작되었다고 합니다.

　마침내 오후 6시 20분 우리는 건봉사 입구에 도착했고 하루 걷기일정을 마무리하게 되었습니다. 몇몇이 건봉사 구경을 하고자 했지만 바쁜 일정이므로 내일 아침 조금 일찍 도착해서 관람하는 것으로 미루었습니다.

　6시 40분 숙소에 도착해 보니 금강산 콘도는 예전과 달리 확실히 활기를 잃은 듯합니다. 노변정담의 첫 순서를 기꺼이 맡아주신 강만길 교수님이 기다리고 계셨고, 민경현 교수가 조명철 교수와 함께 모셔 오셨습니다. 여전히 건강해 보이셨고 참 다행입니다.

7시, 설렁탕 한 그릇 씩 비운 우리는 샤워를 하고 8시에 강의실로 모였습니다.

통일걷기의 핵심 컨셉, 역사정신을 심는 자리입니다. 놀라운 기억력과 시대를 통찰하는 안목으로 강만길 교수님의 강의는 열정으로 지속됩니다.

강의가 끝난 후 저는 일행들에게 세 가지 당부를 하였습니다.

"첫째 공식적으로 술을 금한다. 타인에게 피해가 되면 절대로 안 된다. 둘째 군의 통제를 잘 따라야 한다. 지뢰, 독충, 독풀 등 위험한 곳임을 명심해야 한다. 셋째 자기 능력에 맞게 걸어야 한다. 일사병, 발병 등 억지로 버티다 쓰러지면 더 큰 짐이 된다. 언제든지 커밍아웃하라."

길은 누구나 스스로 걷는 것입니다. 자기 속도로 자기 능력에 맞게 걸어야 합니다. 함께 걷지만 따로 또 같이 걷는 것입니다.

이러저러한 기대와 흥분이 우리의 밤을 감싸며 민통선 걷기 첫날밤은 그렇게 깊었습니다.

분단에서 통일로 역사를 바꾼다는 것

강만길 교수

"세계는 EU를 비롯해서 아세안, 남미연합, 아프리카연합까지 지역공동체가 대두되고 있습니다. 평화주의가 정착되어 간다는 이야기입니다.

동아시아 전체를 하나의 평화공동체로 만들어야 하고, 그 속에서 우리의 통일문제가 해결되어야 합니다. 과거에는 한반도가 대륙세력에 의해서 해양세력을 겨누는 칼이 되거나, 해양세력이 대륙세력을 건너가는 다리가 되거나 했는데, 앞으로는 한반도 전체가 동아시아 공동체를 엮어내는 중심지역이 되어야 합니다.

세계는 지금 평화주의로 가고 있는데, 우리만 뒤떨어지면 안 되잖습니까? 우리만 그럴 이유가 어디 있습니까? 물론 아직도 주변 4국의 이해관계에 따라서 우리 문제가 상당히 좌우되고 있습니다만 남북이 협력을 하고 남북이 평화적으로 정착을 하게 되면 4국이 어쩌겠습니까? 전쟁을 일으키겠습니까? 남북에 달려있습니다. 그 어려움 속에서 김대중, 노무현 대통령을 보세요. 해결되잖아요. 우리가 하겠다는데 어떻게 하겠어요. 이게 중요합니다. 그러려면 국민들이 정부를 움직여야 합니다. 국민들이 그런 의식을 가져야 합니다."

43

2일

8월 4일 금요일 맑음 총 23km 33,342보

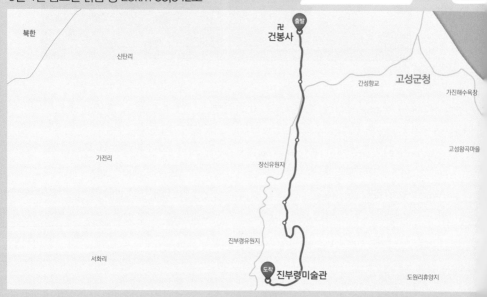

7시 57분   건봉사
8시 28분   가막골길
9시 20분   광산2리 경로당
10시 30분 소똥령마을회관
15시 50분 흘리2리 안심회관
16시 39분 진부령미술관

소똥령으로 돌아가며,
민통선을 서성이다

민통선 걷기 2일째 날은 아침부터 걷기에 너무 좋은 날씨였습니다. 경험상 해가 하늘 꼭대기에 오르기 전의 아침은 대개 걷기에 좋은 날씨를 만들어 줍니다.

원래 오늘은 건봉산에서 향로봉을 걷고자 했습니다. 그러나 보안상의 이유로 우리는 소똥령 길을 돌아가기로 했고, 우리의 마음은 여전히 민통선 밖에서 서성이게 되었습니다.

그러나 소똥령 길은 길 자체가 걷기에 너무 좋은 코스입니다. 지독한 극기의 등산을 즐기는 것이 아니면 트래킹하기에 이만한 코스가 더 없다고 했습니다.

실제로 걸어보니, 걷는 것만으로 따져서는 애초에 건봉산으로 올라 능선을 타고 향로봉을 향하려던, 민통선 코스 안을 걷지 못하게 된 아쉬움을 달래기에 충분했습니다.

아침 8시, 어제보다 조금 여유 있는 일정을 시작했습니다. 어제 마지막 도착지였던 건봉사 입구에서 출발한 일행들은 건봉사를 뒤로한 채 발걸음을 옮겨갔습니다.

그러나 이 여유도 느려터진 게으름을 의미하지는 않습니다. 숙소에서 7시경에 출발해야 7시 30분에 건봉사 입구에 도착하는 여유이며, 30분 정도 건봉사를 둘러볼 수 있는 여유입니다. 그러기 위해서 6

시에 일어나서 세면과 아침 식사를 마치고 출발해서야 얻어낸 아주 바쁜 여유일 뿐입니다.

인적이 뜸해 한적한 고찰인 건봉사는 금강산이 시작되는 초입에 위치해 있어서 특별히 '금강산 건봉사'로 불리고 있습니다. 한때 전국 4대 사찰로 꼽힐 만큼 큰 사찰이었지만 화재와 한국전쟁으로 많은 건

물이 소실되고 사찰 입구의 '불이문'만이 예전의 모습으로 남아있다
고 합니다.

저에게 건봉사는 세상사 인연의 한 장면이 남은 곳입니다. 고즈넉
한 시간, 병상을 털고 나온 아내와 함께 이곳을 방문했을 때, 한동
안 아내는 강아지의 머리를 쓰다듬었습니다. 마치, 제가 병상에 누워
있던 아내의 머리를 하염없이 쓰다듬었듯이….

어쨌든 건봉사에서 출발 후 대략 1.5km쯤을 지나 8시 30분쯤 가
던 길에서 오른쪽에 있는 가막골 가는 길로 접어들자 오솔길과 숲길
의 중간쯤의 느낌을 주는 길들이 이어집니다. 한 4.5km쯤을 걷고 있

다 보면 어제의 아스팔트 길이 워낙 지루했던 때문인지 이보다 더 걷기 좋은 길은 없을 듯싶습니다. 그러나 뒤에 경험하지만, 민통선 안을 걷다 보면 이보다 더 좋은 길이 참 많습니다.

대략 한 시간쯤을 걸었을까, 산길은 어느새 끝을 보이고 아스팔트와 그 주변에 밀집한 마을이 눈에 들어옵니다. 9시 30분 전후로 광산2리에 도착한 일행들은 경로당 앞에서 잠시 휴식을 취했습니다. 언제 준비했는지 이종기, 김정빈 등 고향인 충주 다우리포럼 식구들이 냉커피를 내옵니다. 한결같이 저의 활동을 응원해 왔는데 특별히 수험생 아들 이철우까지 동행했습니다. 고마울 뿐입니다.
어제와 달리 물집 치료가 시작되고 초대 물집 여왕이 탄생했습니다. 작가 김담입니다. 철책선을 걷는다 해서 참가했더니 계속 아스팔트만 걷는다고 불평했는데 물집이 잡혀도 크게 잡혔습니다.

그 뒤 아스팔트를 걷다가 농로로 접어들었습니다. 다시 또 아스팔트를 계속 걷는 걸까? 순간적 의심은 안도감으로 변하고 풍성한 결실을 예고나 하는 듯 벼가 꽉 차있는 들판 길을 걷게 되었습니다. 30분쯤을 걸었을까, 약 2km가량의 농로 주변에는 파랗게 일어선 벼들이 가득합니다. 누렇게 고개를 떨구어가는 벼들이 점점 늘어나 있고, 또 그 뒤에 들판이 황금빛으로 변하면 가을이 깊어질 것입니다.
아스팔트를 걸을 수도 있었지만 민군협력 장교의 덕분에 산길과 들길을 모두 걸은 일행들은 걷는 것 그 자체의 만족도가 높아졌습니다.

다시 30분쯤 지났을까? 11시도 다 되지 않았는데 어느덧 우리 일행

은 소똥령 마을에 도착했습니다. 마을회관 앞에서 우리는 휴식 겸 점심을 기다렸습니다. 아름다운 마을은 인심도 좋고 음식 맛도 좋은 걸까? 건봉사에서 소똥령 마을까지 대략 10여 km의 길의 끝에는 부녀회에서 마련해 놓은 맛있는 비빔밥이 우리 일행의 점심이 되었습니다. 이유는 알 길 없지만 13일간의 삼시세끼 중 소똥령 비빔밥은 best of best로 기록되었습니다.

소똥령 마을은 최고의 청정지역인 강원도 고성군 간성읍에 자리잡고 있습니다. 진부령계곡의 맑고 깨끗한 계곡물이 마을을 돌아 흐르고 있으며, 금강산 권역 향로봉 자락의 산림이 울창하게 우거져 있는 전형적인 산골 농촌 마을입니다.

소똥령으로 불리는 마을 고개의 이름에는 두 가지 재미있는 이야기가 전해 내려옵니다. 하나는 사람들이 많이 지나다녀서 산 생김새가 소똥 모양처럼 되었다는 설입니다. 이 고개는 옛날 국도 1번지에 해당하는 길목에 위치해서 사람들의 왕래가 잦았고, 선비가 괴나리봇짐을 메고 한양으로 과거시험을 보러 가던 길이었다고 합니다. 또 하나는 고개 정상에 주막이 있었는데 원통 장으로 팔려가는 소들이 주막 앞에 똥을 많이 누어서 이름 붙여졌다는 설입니다. 민통선이나 DMZ와 직접 관계있는 길은 아니지만, 그 자체로 문화적 가치와 생태적 가치가 훌륭합니다.

지금은 침체한 경제를 살리고 소똥령의 문화적 가치를 복원하기 위해 마을공동체 사업의 하나로 부녀회가 식사도 판매합니다. 대략 단체 주문을 하는 게 좋고, 사전에 예약하면 마을 부녀회에서 식사를 주문받아 준비해 줍니다.

다시 얘기는 걷기로 돌아갑니다. 때맞추어 서울에서 환경노동위원회 소속의 송옥주 의원님이 합류하셨습니다. 우리 당의 당직자 출신으로 비례대표 국회의원이 되셨는데 조용하지만 따뜻하고 성실한 인품이 단연 발군인 분이십니다. 이번 민통선 걷기의 한 축인 생태의 의미를 더 해 주셨습니다.

맛있는 식사를 넘어 인상적 식사를 마친 일행은 12시쯤 다시 발걸음을 소똥령 고개로 옮겼습니다. 마을을 벗어나며 한 1km나 지났을까? 꽤 작지 얇은 소나무 군락이 형성되어 있고 숙박시설로 사용했을 법한 폐허가 된 건물이 눈에 들어옵니다.

이곳은 자연생태체험학습장을 겸해 이러저러한 식물들이 분포되어 있어 잠시지만 아이들과 백두대간의 생태를 경험하기에는 좋아 보였습니다. 혹시 소나무 산림욕을 즐기고 싶은 사람에게도 이런 정도의 접근성을 갖고 쉽게 찾아볼 만한 장소도 그리 흔하지 않아 보입니다.

그 뒤로 다시 1km를 걸으면 차량 통제를 위한 차단기 시설이 된 고갯길의 입구가 나오고 본격적인 소똥령길이 시작됩니다. 거기까지도 제법 들풀들이 자라 길 가운데도 허리까지 대부분 무릎까지 닿곤 합니다.

오후 1시의 태양은 대개 하늘 끝의 정점에 달하지만, 어제와 달리 소똥령 고갯길은 뜨거운 것만은 아닙니다. 나무 그늘도 자주 있

고 군데군데 산 아래를 멀리 내려다
보면 시원한 경치가 가슴을 탁 틔워
주기 때문입니다.

휴식 겸 잠시 쉬었다가 길 위로 넘
쳐흐르는 물길에 주저앉아 발도 담
가봅니다. 그러나 더위를 식히기 위
함보다 즐김의 시간입니다. 잠시 두
어 번 더 쉬면서 소똥령 고갯길을 오
르다 보면 군데군데 이정표가 있
어 길을 찾기는 그런대로 괜찮습니다.

오후 3시경, 7~8km의 고갯길에 본격적으로 걸어 오른 지 세 시간
이 될 무렵, 그래도 고갯길이라 어느새 일행들의 몸은 땀에 젖기 시
작합니다. 누구나 어느 정도 고갯길을 올라설 때쯤은 숨도 가빠지
고 걸음걸이도 느려지기 시작합니다. 바로 이 순간 고개의 정상에 도
달하고 임도의 끝을 벗어나며 알 수 없는 성취감 같은 것을 느끼게
됩니다.

2km쯤을 더 걸어서 오후 3시 50분쯤 흘 2리 안심회관 앞에 도착
한 우리 일행은 단체 사진을 찍었습니다. 어제와 마찬가지로 숙소
로 먼저 들어갈 사람은 먼저 들어가고 내일 아침의 번거로움을 피하
려고 속보가 가능한 사람들을 중심으로 진부령 미술관까지 4km를 대
략 한 시간 안에 걷기로 했습니다.

흘 2리에서 흘 1리를 지나 진부령 미술관 앞까지 오는 길은 농로

와 차도가 모두 다시 아스팔트 길입니다. 군데군데 흘리령 길들의 작은 표지판은 흙길을 걷고 싶은 유혹을 남깁니다. 언젠가 따로 시간을 내어 걸어보아도 그 자체로 좋을 법했습니다.

진부령미술관은 1999년 10월, 미술인이자 영화인이었던 진석진 선생이 '진부령 문화스튜디오'로 개관하였고, 2008년 1월 17일 '진부령미술관'으로 오픈해서 오늘에 이르렀습니다. 기존의 미술관과는 달리 특성화된 작품을 전시함으로써 미술 애호가들의 관심이 높다고 하며, 작품 〈소〉 등으로 민족의 강인한 정신을 전하는 국민작가로 평가받고 있는 이중섭의 전시실이 운영되고 있습니다.

　5시가 조금 안 되어 진부령미술관에 도착한 일행은 국회 고성연수원으로 차량으로 이동하며 저녁 식사를 하고 8시에 노변정담을 가졌습니다. 국립생태원의 최태영 박사는 그동안 DMZ 주변의 답사와 연구결과를 브리핑해 주었고. 고라니와 멧돼지를 넘어 산양을 볼 수도 있다는 덧붙임의, 꼬드김(?)의 말은 우리 일행에게 이 길에 대한 약간의 기대감을 높여주기에 충분했습니다.

　이상한 것은 걸을 때는 30명 정도였는데 밥 먹을 때는 50명 정도 되었다가 다시 공부를 시작하려 하니 30명 정도로 인원이 들쭉날쭉한 것입니다. 오늘도 금주와 규율 준수를 거듭 당부하지만, 삼삼오오 각자가 모여 자신의 경험을 나누며 13일간을 함께 걸어낼 우의를 다지는 밤은 깊었습니다.

　내일은 우리가 다시 민통선으로 들어갑니다. 그리고 이번 걷기의 최대 난코스가 될 향로봉에서 칠절봉 옆으로 돌아 내려오는 길이 기다립니다.

이런 곳은 또 없다. DMZ 생태교감

최태영 박사

"DMZ는 인류의 반성과 희망의 지대를 위한 생태지역입니다.

'인간이 사라지면 파괴된 세상은 어떻게 바뀌는가'를 DMZ를 보고 간접적으로 배우게 되는 장소입니다. DMZ는 민간인 통제가 가장 넓고 오래된 지역으로 전 세계에 여기밖에 없기 때문입니다. DMZ 내부는 원래 읍내, 마을, 학교, 농경지, 도로, 철도 등이 있었는데 DMZ로 막으면서 그대로 놓은채 사람만 빠져나온 것이죠. 그래서 이런 지형이 어떻게 바뀌고 있는지 지켜보는 곳입니다. 그래서 DMZ는 원칙적으로 생태계가 우수해서 지키는 곳이 아니라, 파괴된 생태계가 인간이 간섭하지 않으면 어떻게 바뀌어나가고 회복해 나가느냐에 전 세계 지구인이 굉장히 관심과 기대를 가지고 지켜보고 있는 곳입니다.

'DMZ지역이 알고 보니 산불도 많이 나고 생태적으로 우수하지 않다'는 우려가 있습니다. 그래서 DMZ를 개발해도 된다는 것은 아니라고 봅니다. 어느 지역은 훼손이 돼있고 회복이 안되었다 하더라도 그 자체가 굉장히 중요한 이야기를 해주고 있기 때문에 DMZ는 그 전체가 다 중요한 공간입니다.

미국의 유명한 언론인이자 대학교수인 앨런 와이즈먼은 "대한민국 국민이 전 세계인에게 선물해 줄 수 있는 것, 단 하나의 우월함은 바로 DMZ다. DMZ를 제대로 잘 보존했으면 좋겠다."고 합니다.

2017년
8월 5일

3일

8월 5일 토요일 맑음 총 24.2km 34,342보

7시 30분   진부령미술관
10시 50분   칠절봉(점심)
12시 30분   향로봉(의원단 등 일부)
15시 30분   칠절봉 산림감시초소
16시 30분   평천교

백두대간의 먼 발치,
향로봉에서의 아쉬움

　민통선 걷기 3일째의 길은 이번 걷기 코스 중 가장 험로를 예고한 길이었습니다. 날씨도 더울 테지만 날씨보다 더 문제가 될 것은 길의 험준함 그 자체였고, 이에 대한 준비가 철저히 필요했습니다.

　그 탓인지 군은 의무차를 뒤따르게 하고 일사병 등 불의의 사고에 대비하는 모습을 보였습니다. 이미 지뢰밭 등의 군사시설 접근은 중간에 칠절봉을 끼고 내려가기로 조정된 터라 험로와 태양에 의해 생길 수 있는 의료사고에 대한 대비로 작전의 포커스는 바뀌었을 겁니다.

　새벽 6시 국회연수원, 모두의 기상과 함께 세면을 마치기 무섭게 여러 대의 차량에 분승한 일행은 7시가 되기 전에 진부령 미술관 앞 풍미식당으로 다시 모였습니다.

　맛있는 황태 북엇국으로 아침 식사를 마치고 향로봉으로 오르는 군사도로 입구에서 몸풀기를 시작합니다. 한동안 그 길은 다른 시설이 없으므로 공중 화장실에서 볼 일도 다 마치고 출발해야 합니다.

　군은 12사단의 00사단장이 나와서 인사하며 건봉산에서 향로봉으로 이어지는 길만큼은 허용할 수 없었음을 양해 구합니다. 험하고 위험하고 등등, 그리고 보니 아재개그지만, "험한 것 위에 있는 것이 위험한 것이다" 싶었습니다.

　이 길을 처음에 준비할 때 군의 도움을 받는 것이 '갑질이냐 아니냐' 의 실무적 논쟁이 있었습니다. 저는 그때 양쪽 의견을 다 듣고 이렇 게 결론 내렸습니다.

「군에게 갑질하는 게 아니라 마땅히 군의 도움을 받아야 한다. 그 핵 심적 이유는 무조건 안전 때문이다.

　지리와 지뢰 등 군사시설과 관련해 우리는 문외한이다. 만에 하나 라도 처음 추진하는 우리가 사고가 나면 그다음 사람들이 다시 이 런 기획을 하는데 장애가 될 것이다.

　일사병이나 여타의 의료사고의 차원이든 지뢰나 군 보안시설 등 의 통제와 관련된 군사적 차원이든 어떤 경우든 사고는 안된다.

　게다가 우리는 길도 잘 모르니 스스로 운전하기도 쉽지 않다. 험난 한 산길, 임도나 군사도로의 경험도 우리는 전혀 없다.

　따라서 군의 도움을 받고 안전하게 진행해서 군도 안심하고 이런 기 획을 지속해서 허용할 수 있는 신뢰를 마련해야 한다.

혹시 필요하다면 소요경비는 정확하게 지급하고 따로 위문금이
나 위문품도 준비해서 전달하도록 준비하자. 그 자체로 필요한 일이
고 우리의 마땅한 도리이기도 하다.」

오전 7시 30분경, 몸풀기 체조를 마친 일행은 교대한 민군협력 장
교 000소령의 안내에 따라 향로봉 길을 걷기 시작했습니다. 처음
에 살짝 경사가 제법 있고 시멘트 길이 되어 있습니다.

오늘부터는 김은식 교수님의 발걸음이 잦아지고 사진 찍는 시간
도 늘어나시며 저와 일행들에게 꽃과 나무와 풀에 대한 설명이 늘어
나고 있습니다. 참고로 김 교수님은 국민대 교수신데 세계생태학
회 회장을 맡으셨고, 우리 일행의 최고령자시지만 체력은 단연 선두
셨습니다. 이번 민통선 걷기에 생태의 컨셉을 확립해 주셨습니다.

향로봉 길은 일반인들이 접근하기 어려운 길입니다. 안내 장교의 말로는 백두대간을 다 걸어낸 사람들도 대개 향로봉 주변의 길과 건봉산에 이르는 구간의 길은 대부분 걷지 못한답니다. 그래서 백두대간의 종주가 최종적으로 완성되지 않는다는 겁니다.

전해 들은 얘기대로 처음의 길은 경사가 심했고 세 번의 휴식을 거치며 능선 길에 올라서야 비로소 덜 힘들게 되었습니다.

그러나 향로봉까지의 총 길이는 16km로 그 자체로도 이미 충분히 길고 힘든 길이었습니다. 예전에 군의 신병이 배치되어 향로봉까지 걸어가려면 하루가 꼬박 걸렸다고 했습니다. 눈 오는 날이나 비 오는 날이나 햇볕이 쨍쨍 내리쬐는 날씨나 어느 하나 쉽지 않았을 길입

니다.

여기서 우리는 특별한 경험을 합니다. 두 번의 휴식마다 아이스크림이 배달된 것입니다. 사단장의 배려였는데 뒤따라오는 의무 차량에 아이스크림을 가득 담은 아이스박스를 싣고 거기에 얼음을 쟁여서 운반해 온 것입니다.

우리 일행은 다른 시간과 장소에서는 도저히 느낄 수 없는 아이스크림의 단 맛, 찬 맛을 마음껏 즐겨보게 되었습니다. 뒤에 알게 되지만 일사병 예방에 이보다 더 좋은 예방약도 따로 없어 보입니다.

잠깐의 휴식 중 송옥주 의원의 인생샷이 잡혔습니다. 우리는 송옥주 의원이 득템했다 생각합니다.

오전 11시나 되었을까요? 대략 걷기 시작한 지 8km쯤을 지난 위치에 이르자 칠절봉 가는 길과 향로봉 가는 길이 나누어집니다. 이 지점

에서 우리 일행은 대휴식을 위해서 멈추었습니다. 일행의 점심과 대표단의 OOO 중대 방문을 위함이기도 했습니다.

저와 송옥주 의원 그리고 김은식 교수와 이희철 생태원장은 두 대의 지프차에 나누어 타고 OOO 중대를 다녀오기로 했습니다. 그 사이에 일행은 밑에서 위문품을 싣고 온 군용차에 같이 싣고 온 점심을 받아먹고 기다리기로 했습니다.

점심은 아침 먹은 식당에 부탁해서 아주 맛있는 주먹밥을 준비했습니다. 도시락은 음식물 쓰레기를 처치하기 곤란하고 또 음식이 상할 수 있기 때문에 여러 가지를 고려해서 내린 결정이었습니다.

향로봉까지는 그곳에서 다시 8km를 능선 길을 달려야 했습니다. 기다리고 있던 대대장님은 한 시간 전에만 해도 금강산을 바라볼 수 있을 정도로 기후가 좋았는데 운무가 동쪽 밑에서부터 올라와 지금은 가려버렸답니다.

　향로봉은 그 자체로 남방한계선 철책과 맞닿은 곳은 아니지만, 기상과 생태와 군사적 요충지라고 설명합니다. 그리고 영험하기도 하답니다. 군사시설과 기상시설의 촬영이 금지되었는데 향로봉을 얻지 못했으면 인근이 크게 북한군에게 노출될 뻔 했다고 합니다.

　게다가 겨울이면 눈이 가장 많이 내리는 곳의 하나라 군대 생활을 향로봉에서 했다면 알아준다고 했고, 특히 부자가 같이 대를 이어 복무하는 경우가 있을 정도로 자부심이 대단하다고 합니다.

　대대장은 돌아가는 길에 우리나라 세 곳에만 있는 솜다리 군락지를 구경하고 가라며 생태의 요충지로서도 향로봉을 자랑했고, 변화무쌍한 기상 탓에 기상예측과 관측의 요지로서 군사요충지 이상으로 향로봉의 중요성을 다시 한 번 더 강조합니다.

아들 같은 중대원들에게 노고를 위로한 뒤 빵과 우유를 전달했습니다. 그리고 곧바로 기념촬영을 한 후에 우리는 발길을 돌려 일행이 기다리고 있는 갈림길로 돌아왔습니다.

돌아오는 길에 솜다리, 이른바 에델바이스를 사진으로 담아 병상에 있는 아내에게 바치고 쾌유를 기원했습니다. 아내는 치명적 위험에서 벗어난 지 얼마 되지 않았는데, 좋아했습니다. 제 마음을 아니까요.^^

그 높은 산악지대에 그렇게 깊숙한 곳에 향로봉이 있다는 것 자체만으로도 신비로웠는데 향로봉에 다녀오니 과연 그럴만하구나 싶었습니다.

좀 더 평화로워지고 이곳이 개방되어 많은 사람이 함께 찾을 수 있는 시절이 빨리 오길 기원하며 향로봉 천제단(?)에서 기도하며 묻어둔 서원들을 자꾸 떠올려 봅니다.

오후 12시 30분을 조금 지나서 우리 일행은 다시 칠절봉 옆을 끼고 돌며 양구 쪽으로 하산을 시작했습니다. 송옥주 의원께서 사정상 서

울로 되돌아가셨고, 몇몇 사람과 작별을 아쉬워하며 사진을 남겼습
니다.

내려오는 길을 조금 걷자마자 약 7~8km쯤은 거의 자갈밭 비탈길
에 가까웠습니다. 처음에는 나뭇가지가 숲을 이뤄 걷기가 좋았는
데 곧 날카로운 돌들이 섞인 자갈길입니다.

우리 일행 대부분은 오르막길의 험준함보다 내려오는 길의 미끄러
움과 위험함을 더 기억합니다. 이후 수리봉에서도 그랬는데, 실제로 내
려오는 과정에 크고 작은 미끄러움으로 인해 넘어지고 작은 상처를 입
은 사람들이 생겼기 때문입니다. 한 마디로 '악' 소리가 납니다.

오후 3시가 좀 못 되어서 잠시 휴식시간을 가지며 연양갱을 나누

었는데, 그때 또 마지막 아이스크림이 배달되었습니다.

의무병들도 본연의 임무 외에 아이스크림을 통한 일사병 예방 임무를 무사히 완수한 듯 멋쩍은 웃음을 지으며 아이스크림을 함께 나누어 줍니다. 정말 멋진 그림자(?)들이었습니다.

그로부터 20분쯤 지나서 평지로 거의 다 내려와서 우리는 안내하던 상사의 배려로 작은 개울 또는 계곡이라 할 수도 있는 물가의 다리 밑에서 꿀맛 같은 휴식 겸 물놀이 시간을 가졌습니다.

냉장고 바지 차림의 이용갑 부사장은 발군의 물놀이 실력을 과시했는데 단연 곰과 닮았습니다. 장백건 감사도 옷 입은 채로 물바닥에 드러누워 작은 개울물을 흘러넘치게 하였습니다. 이들은 팬더 같았습니다. 그 반대편 물길 흐르는 한쪽에서 조용히 발을 담그고 휴식을 취하는 박동철 보좌관과 조성대 교수의 모습은 마치 한 폭의 산수화 같습니다.

4시쯤 이제 마지막 목표지점까지 4km 남았다고 했습니다. 거의 평지 길을, 때로는 사람의 키만큼 자란 풀숲을 헤치며 일행이 군 초소 앞에 금방 도착했습니다. 이곳은 산림청의 칠절봉 산림감시초소이기도 한데, 출구를 막 지났을 때 고난의 행군에 종일 지친 우리 일행에게 첫 번째 오류가 발생합니다. 그로부터 숙소 입구까지 다시 4~5km 정도가 남았는데 군과 우리 일행은 여기까지를 하루의 행진 코스로 착각했던 것입니다.

이것은 훗날 우리의 거리계산이 248km가 아니라 337km로 어마어마하게 늘어나는 발단이 되었습니다. 그렇지만 그때 우리 중 누구

도 그렇게 어마어마한 걷기 재앙으로 이것이 비화하리라고는 아무도 생각지 않았습니다.

우리는 어제와 마찬가지로 내일 아침에 다시 이곳에 와서 출발하는 수고를 면하기 위해 민군 장교를 부대로 돌아가시게 한 후, 걸을 수 있는 사람을 중심으로 속도를 내어 걷기 시작했습니다.

오후 5시가 다 안 되었을 때 마침내 우리는 평천교 입구까지 도착해서 하루의 걷기를 마무리할 수 있었습니다.

길을 마무리하기 전에 농촌교회 하나가 아주 예쁘게 외관을 도색하고 있었는데(나중에 확인하니 서광교회라고 합니다) 기도하고픈 사람이 들려 기도할 수 있도록 개방되어 있으면 좋겠다고 생각했습니다. 산티아고 길에서 지나는 교회마다 십자가를 바라보며 기도했듯이 아내를 위해 기도하며 지나칩니다.

마지막 한 시간의 아스팔트 길이 옥의 티였지만 우리는 가장 난코스의 하루를 무사히 걸었다는 자부심과 함께 민통선 길에 적응되어 가는 자신을 확인하기 시작했습니다.

오후 5시가 조금 지나서 숙소에 도착하니 전성 변호사와 정성헌 이사장님이 기다리고 계시고, 샤워를 마치고 대화를 나누는 중에 구로에서 스무 명 남짓한 당원들이 도착해 들어옵니다.

개별 숙소가 배정되지 않은 탓에 샤워실에서 알몸을 서로 섞으면서 어느덧 우리는 하나가 되어 갑니다.

새로운 식구들의 합류는 대열에 새로운 활기를 불어넣고 저녁을 먹고 시작된 노변정담에서부터 자연스럽게 동화되는 과정을 만들어 가

게 될 것입니다.

저녁 시간이 되기 조금 전에 강훈식 의원이 찾아왔습니다. 사정상 긴 구간을 걷기 어렵습니다. 그래도 혹시 제가 저녁에 급한 일이 생기면 야간 당번을 서줄 사람이 필요해 청한 발걸음이었는데 기꺼이 와주었습니다. 2000년 1월, 밀레니엄 창당 행사의 하나로 '아시아는 내 친구'라는 중국답사 때 동행했었습니다. 그 이후 간헐적으로 만나 오다 본인이 직접 출마하고 정치 활동을 시작하면서 더 깊은 인연이 잦아지고 있습니다. 영민함과 사명감이 함께 갖추어진 그의 장래를 진심으로 응원합니다.

강훈식 의원은 원내 대변인을 맡아 활동 중인데 서울서 자유한국당이 민통선 걷기를 철없는 짓으로 매도하고 있답니다. 그러려니 하자니 슬며시 화가 납니다. 저들이야말로 안보장사나 하고 군부대 가서 요식행위로 사진이나 찍고 오지만 우리는 직접 걸어서 찾아다니고, 위문금과 위문품을 전달해도 몇 배는 더 전달하는데 말입니다.

오늘의 노변정담은 생명평화동산에서 땅으로부터 들려주는 생명 이야기입니다.

정성헌 이사장은 생태와 함께 생명에 대한 발상의 전환을 주문합니다. 생태와 평화가 둘이 아니라 하나의 과정임을 깨닫게 하며 민통선의 내일을 준비하게 했습니다.

아울러 정성헌 이사장은 화이팅 하지 말고 화이통(和而通) 해달라는 주문도 했습니다. 서로 적대하고 싸우는 의지를 북돋우는 표현보다 화합해서 통해가는 화이통이 어떠냐고 하십니다.

듣고 보니 통일걷기를 하고 있는 우리에게 적합한 구호 같습니다. 그 뒤로 우리 일행은 여러 번 화이통을 외쳤습니다.

정성헌 이사장님은 노변정담 때 차와 삶은 감자를 내놓으셨는데, 그날의 감자가 감자 많은 강원도에서 처음이자 마지막으로 먹은 감자였습니다.

그렇게 생명평화동산의 밤도 깊었습니다.

'땅은 생명이다'
우리 몸과 먹고사는 생명 이야기

정성헌 이사장

"기후 이탈, 곧 다가올 위험에 대해 환경주의자들만의 문제가 아니라 우리가 살아남느냐 아니냐의 문제로, 우리 모두의 생명의 문제로 인식하고 해결해야 합니다.

우선, 세계관이 바뀌어야 됩니다. 모든 생명은 연결되어 있다는 것, 얼마나 쉽습니까? '저 풀 한 포기가 이산화탄소를 가져가고 산소를 내뿜고 그게 나랑 연결돼 있구나'라는 생명의 세계관이 중요합니다. 어려운 말로는 지구 생명공동체라고도 합니다.

다음, 생활을 바꿔야 합니다. 단순 소박하게 살면서 행복을 누릴 것, 그다음에 세상의 독점구조를 어떻게 공존으로 바꿀 거냐 그게 핵심입니다. 세상을 바꾸려면 평화공존과 순환의 구조로 바꿔야 합니다. 그다음으로 문명을 바꿔야 합니다. 거대 문명, 독점의 구조 이 두 개가 합병증을 일으키고 있어요. 이걸 고쳐야 합니다. 문명의 대전환이 필요합니다."

71

2017년
8월 6일

4일

8월 6일 일요일 맑음 총 27.5km 32,247보

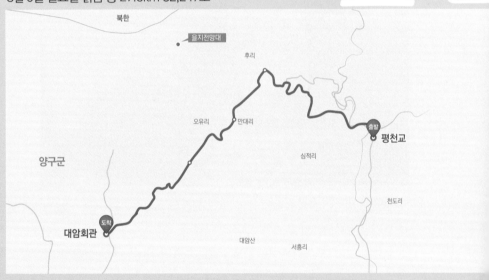

 6시 50분   평천교
 7시 30분   서화2리
 8시 37분   먼멧재
 9시 40분   만대리
10시 12분   전쟁기념관
10시 50분   을지전망대
13시 10분   해안면 사무소
14시 30분   돌산령터널
15시 15분   돌산령터널 통과
16시 50분   대암회관

먼멧재와 펀치볼
그리고 돌산령 터널의 끝

민통선 걷기 4일째 아침은 백두대간 트레일에 대한 기대감으로 출발했습니다.

군의 사정으로 거의 이틀을 우회한 우리 일행은 다시 민통선 안으로 들어가 걷게 되어 있고, DMZ를 바라볼 수 있는 을지전망대 탐방도 예정되어 있기 때문입니다.

시간이 맞지 않아 민통선 비경의 하나인 용늪을 들릴 수는 없지만, 그 아쉬움을 남긴 채 우리는 하루를 새벽부터 준비했습니다. 다음을 기약할 수밖에 없지만, 전에 당원들과 함께 갔던 제 기억에 용늪은 참 신비한 곳이었습니다.

이전에도 두 차례 묵었지만 언제나 생명평화동산의 밥맛은 정성이 깃들고 철학이 담긴 일품 밥상입니다. 새벽밥임에도 불구하고 밥맛은 고소하고 정갈한 반찬과 국은 종일 걸어갈 우리 일행의 속을 든든히 채워 주었습니다.

그러나 느닷없는 복병이 등장했습니다. 분명히 개별적일지라도 과도한 음주로 주변에 폐가 되면 안 된다고 술을 금지했는데, 일행 중 한 명이 새벽까지 술을 먹고 진행에 지장을 주는 사람이 등장한 것입니다. 저는 스텝들에게 조용히 서울로 돌아가도록 권고하라고 지시했습니다. 아침밥을 먹고 나서 사라졌길래 찾아보니 주차장에 가서 이미 뜨거워지기 시작한 시멘트 바닥에 누워 햇김에 잠을 자기도 했기 때문입니다. 그런데 부득불 전망대까지 쫓아와서 점심 먹고 또 끝까지 따라 걷겠답니다. 그냥 서울 올라가라 했습니다. 마침 서울로 돌아가는 사람들이 있어서 그 차편에 돌려보내기로 결정한 것입니다.

오전 6시 30분 서둘러 아침을 마친 일행은 기념사진을 찍고 준비된 차량에 분승해 평천교 앞으로 다시 돌아와 7시가 좀 안 되어 행진을 시작했습니다.

부대를 지나고 또 지나며 제 마음에는 다시 '이곳이 민통선이구나, 분단된 조국의 주름진 얼굴이구나'라는 생각이 들기 시작했습니다.

군의 일상적 훈련의 모습도 부대 너머로 건너다보이고, 부대 앞 초병들의 낯선 풍경에 대한 경계심도 느껴집니다.

한 30분 남짓 걸었을까, 7시 30분경 서화 2리에서 아스팔트가 끝나고 다시 경사진 비포장 길을 걸어 오릅니다. 여기서부터는 약 6km에 달하는 먼멧재라고 하는 고갯길입니다.

30분쯤을 더 올라 8시경 흙길 양옆에 앉아 휴식을 취하지만 일행 중 누구도 그냥 즐겁지만은 않습니다. 이 길은 그냥 살 빼기 위한 다이어트 길이거나 한 번 걸어본 추억을 남기기 위한 문화 탐방의 길만은 아니기 때문입니다.

이때 김희근 선생이 갑자기 등산화에 문제가 생겼습니다. 밑창이 다 떨어져 나간 것입니다. 철사로 얼기설기 동여맸지만 오래 걷기는 힘들어 보였습니다. 맨발로 걸을 수도 없고 또 예비로 비축하고 있는 등산화도 따로 없어 인근 양구에 나가서 등산화를 다시 구해야 했

습니다. 뒤따르던 운송차에 인계하고 우리는 다시 고갯길을 따라
서 걸었습니다.

다시 한 시간쯤 걸어 오른 고개 정상에서 우리 일행은 긴 휴식을 갖
습니다. 오전 9시나 되었을지, 이미 여름의 태양은 뜨거워지고 날씨
는 더워지기 시작합니다. 마땅한 그늘은 없지만, 너무도 자연스럽
게 우리는 땅바닥에 작은 깔개를 놓고 주저앉습니다.
　우리에게는 다시 아이스크림이 배달되었습니다. 어젯밤에 합류
해 오늘 아침이 첫걸음인 사람들은 신기한 듯 쳐다보다가, 이내 즐거
운 듯 더위를 시키며 입을 즐겁게 하고 있습니다.

9시 40분경, 우리는 지뢰 조심의 패가 죽 걸린 철망 길을 옆으로 걸
어내려 만대리에 도착했습니다. 고개 정상에서 약 3km를 걸어 내려

오는 길은 그 자체로 걷기에 좋은 길이건만 지뢰밭 표식과 대전차 방호벽, 윙윙거리는 확성기 소리에 이곳이 민통선 안이라는 생각을 가다듬게 합니다.

탁수저감 침사지에서 잠시 휴식을 취하다 말고 2km만 더 가면 을지전망대 입구라는 말에 우리는 즉시 걸음을 재촉합니다. 오전 중에 가급적 을지전망대를 다녀오기 위해서입니다.

주변에 백두대간 트레일 길 표식을 뒤로하고 흙길을 걸어 내려온 일행은 다시 아스팔트를 걷습니다. 그렇지만 아직은 첫날 우리를 괴롭혔던 작렬하던 아스팔트 길보다는 그래도 걸을 만합니다.

10시 10분 양구 전쟁기념관에서 잠시 휴식을 가진 뒤 일행은 10시 30분 조금 지나서 차량에 분승해 전망대를 향했습니다. 차량으로만 이동해도 7km의 거리로 꽤 길게 느껴집니다. 가칠봉 능선에 위치한 을지전망대까지 다 오르막길이고 자동차가 쉽게 속력을 내지 못하기 때문입니다.

펀치볼을 뒤로한 을지전망대 너머의 풍광은 마치 사파리 같아 보입니다. 날씨가 좋아 비로봉을 비롯한 금강산 줄기를 육안으로 확인할 수 있었습니다. 매봉의 선녀폭포와 자급자족하기 위해 일궜다는 밭마저 희미하게 보입니다.

을지전망대에서 웃지 못할 헤프닝이 펼쳐지기도 했답니다. 우리 군인들을 선동하기 위해 북한 여군들이 선녀폭포에서 알몸으로 목욕을 하고, 우리도 여기에 맞불을 놓아 전망대 인근 산봉우리에 수영장을 만들고 '미스코리아 수영복 심사'를 대대적으로 연 것입니다. 이게 1992년의 일이랍니다. 냉전 시대 웃지 못할 사연의 하나입니다.

사진으로 직접 담을 수는 없었지만 허용된 구역에서 각기 사진을 찍었습니다. DMZ 너머의 사진은 마음에 남을 뿐입니다.

그리고 모두가 모여 펀치볼을 배경으로 단체 사진을 담았습니다.

펀치볼의 유래는 한국전에 참전한 미군이 이곳 지형이 마치 화채를 담는 볼(bowl)과 같다 하여 유래되었다 합니다. 예전에 누군가 대

형폭탄이 터져서 조성된 지형이라는 말은 틀린 얘기 같습니다.

　이곳은 침체된 지역 경제에서 벗어나기 위해 시래기를 특산물로 재배하기 시작했고 근래에는 시래기가 가장 많이 생산되는 곳의 하나로 정착되었답니다. DMZ 못지않게 뒤로 돌아 내려다보이는 펀치볼의 여름 풍경이 그렇게 싱그럽고 아름다울 수가 없었습니다.

　을지전망대에서 돌아 내려와 12시경 우리는 정주골식당에서 두부조림으로 점심 배를 불렸습니다. 4일째에 접어들면서 일행의 상당수가 발에 물집이 잡히기 시작한 터라 여기저기서 휴식 겸 발수선도 시작됩니다.

그때 김성기 사장의 차가 전망대에서 내려오다 브레이크가 고장 났습니다. 그리고 보니 아스팔트 포장길이 좋았을 뿐 경사는 심했습니다. 일행의 일부가 늦게 서울로 돌아가게 되었지만, 차가 고쳐질 때까지 마냥 함께 기다리고 있을 수만은 없습니다. 조금 뒤 우리는 서울로 돌아가는 일행과 작별 인사를 나누고 다시 걸음을 재촉하기로 했습니다. 그냥 미안한 맘과 멀리 찾아와 준 것에 대한 고마운 맘을 함께 전하며 오후 걷기를 이어갔습니다.

한 1km나 갔을까? 오후 1시 10분경 해안 면사무소에서 12사단에서 21사단으로 우리 일행에 대한 인수인계가 있었습니다. 지난 이틀 수고해 준 OOO소령과 그 일행에게 감사를 표하고 OOO소령 등 새로운 일행과 인사를 나누었습니다.

면 소재지를 벗어나 들판을 따라 이어진 아스팔트 길은 다시 끓기 시작합니다. 돌산령 터널까지 6km의 길이 여간 곤욕스러운 것이 아닙니다. 그러나 우리는 중간에 별도의 휴식 없이 한 번에 걸어내었습니다. 딱히 중간에 함께 휴식을 취할 곳도 마땅치 않습니다.

오후 2시 30분경, 돌산령 터널 앞에서 안내 장교는 우리에게 두 가지 옵션을 제안합니다. 도솔산 산길을 넘으면 7km 정도, 터널을 통과하면 3km, 저는 주저 없이 터널을 선택했습니다.

약간 위험해 보여도 사실은 안전하며 무엇보다 태양을 피해 시원하고 거리도 단축하는 여러 가지 이점 때문입니다. 그러나 그보다 더 감응이 있는 경험은 터널을 다 지나 나올 때, 어둠에서 빛을 찾는 그 느낌입니다. 다른 길에서 터널을 나오며 가졌던 저의 경험을 일행과 공

유하고 싶었습니다.

오후 3시쯤, 터널을 나서 우리들은 빛과 동시에 루프탑 텐트를 만났습니다. 스텝들이 먼저 가서 도로 옆 공터에 그늘을 만들어 놓은 것입니다. 그리고 아이스크림과 함께 돗자리도 준비해 놓았습니다. 혹시 몰라 준비한 루프탑 텐트가 그 진가를 발휘하는 순간입니다. 향로봉 길에서 점심을 먹기 위해 펼쳤던 것에 비해 그 효용성이 두 배는 위력적입니다.

잠시 휴식을 취한 후 우리는 스틱을 들고 둥그렇게 모여 섰습니다. 어느새 슬그머니 우리들 의식의 하나가 되었는데, 화이팅 대신 우리가 하나임을 확인하며 화이통을 외치곤 했습니다.

오후 3시 20분경부터 마지막 종착지를 향해 다시 우리가 걸어가

는 길은 펄펄 끓는 아스팔트 길입니다.

한 1km나 걸었을까? 터널을 나와 걸어서 내려가고 있는데 어디서 많이 본 사람이 거꾸로 걸어 올라옵니다. 김동엽 교수입니다. 저녁에 예정된 노변정담의 초대손님입니다. 전 일정을 다 걷지 못해도 이틀은 같이 걷겠다고 하십니다.

함께 이 얘기 저 얘기 나누다 보니 어느새 대암회관입니다.

오후 4시 50분, 숙소로 예정된 대암회관에 도착했습니다. 21사단의 000대령이 와서 기다립니다. 수박 화채를 준비하여 더위에 지친 우리 일행의 더위를 한꺼번에 식혀줍니다.

복지관에서 식당을 담당하는 사병들은 낯선 이방인들의 출현에 신기해하면서도 화채 그릇을 연신 내어 옵니다. 낯설기는 사실 우리 일행도 마찬가지입니다.

이 길을 출발한 후 처음으로 부대의 복지회관을 사용하게 되었습니다. 당연히 고민하다가 부대의 복지 회관을 사용하기로 내린 결정입니다. 근거는 다음과 같습니다.

「첫째 민통선을 걷는 길의 주변에 삼십 명가량의 인원이 동시에 묵고 식사하고 샤워할 수 있는 시설이 없다.

둘째 마을회관과 경로당을 빌려 사용할 수 있지만, 부엌과 화장실이 비좁아 최대 열다섯 이상은 사용이 곤란하다.

셋째 부차적인 이유지만 노변정담 등의 부수적인 프로그램을 운영할 공간을 충족시킬 수 있는 곳이 부대 복지 회관 외에는 없다.

그런 점에서 열다섯 명 이상의 샤워시설을 갖추고 식당 사용도 가능하고 노변정담도 할 수 있는 시설을 갖춘 곳은 부대 복지 회관이 유일하다.

특히 밥은 일반 식당에서 사 먹어도 되고 잠은 마을회관과 주변에 텐트를 칠 수도 있지만, 화장실과 샤워시설은 한 여름을 걷고 땀 흘린 후 무조건 중요하다.

게다가 가격도 생각보다 저렴하다. 결코 짧지 않은 시간 비용도 만만치 않게 들어가기 때문이다.」

이상의 이유로 부대 복지 회관을 이용하기로 결정했습니다. 그러나 평일에만 사용하고 금요일과 토요일에는 사용하지 않아 장병 면회에는 지장을 주지 않기로 했습니다.

모든 게 그렇지만 준비과정의 세심한 배려는 더운 날 쉽게 짜증으로 비화할 소지를 줄이는 일이었습니다. 완전하지는 않았지만 대체로 낯선 군 복지시설의 사용과 관련해 사람들의 반응은 나쁘지 않아 보였습니다.

　나중에 아주 많은 사람이 이 길을 걷게 되려면 숙식과 샤워 등의 문제가 당연히 해결되어야 합니다. 그리고 길 주변에 안내표식 같은 것도 만들어야 합니다.

　그러나 지금 당장도 몇 명씩 움직이는 것이라면 큰 지장은 없을 것 같습니다. 특히 혼자서 걷는다면 민박도 있고 마을회관 등을 이용할 수도 있습니다. 꼭 걷고자 한다면 시설이 문제가 되는 것은 아닙니다. 게다가 럭셔리한 시설을 기대하는 것도 아닐 것이기 때문입니다.

　더 중요한 것은 당연히 사람들의 마음이고 의지입니다. 그럼에도 불구하고 군의 복지시설을 이용하는 것이 국회의원의 프로젝트이기에 가능한 것은 아니길 바랍니다.

　저녁 식사가 시작되고 조금 지나 대구의 황재홍 후배를 데리고 홍의락 의원께서 도착하셨습니다. 평소에 저를 아껴주시고 저도 응석을 부리는 학생운동의 대선배신데 먼 길 마다하지 않고 와주셨습니다.

　70년대 대학을 다닌 선배들의 모습에는 우리가 갖지 못한 멋진 풍모 같은 게 있습니다. 후배들에게 자애롭고 모든 이에게 따뜻하고 미래에 대해 터무니없을 정도로 낙천적인 모습들입니다.

　홍의락 선배님이 딱 그렇습니다. 그렇다고 분노가 없는 것도 아니고 열정은 우리들의 몇 배가 꿈틀거립니다. 아마 그런 삶들이 그 길고 길었던 70년대 박정희 군사독재를 이겨낸 힘일 겁니다.

　오늘 밤 같은 방에서 잠을 함께할 텐데, 마치 어린 시절 한 이불을 덮으며 느꼈던 친형의 살 냄새 맡는 것 같은 기대감이 올라옵니다.

노변정담을 준비하는 스텝들 사이에 긴장감이 조성되기도 했었습니다. 강의를 위해 구입해서 실어 왔던 와이파이 빔프로젝터가 무용지물이 될 판이었습니다. 강연장의 와이파이 연결이 잘 되지 않았기 때문입니다. 김동엽 교수까지 옆에서 걱정하니 식은땀이 흐르고 애가 탈 무렵, 해결사 한돈길 비서가 나타났습니다.

　한 비서가 급히 차를 몰고 나가 양구읍내 여기저기 상점을 돌고 돌아 마침내 연결 잭을 사 오면서 가까스로 시간을 맞출 수 있었습니다. 준비물을 꼼꼼히 챙겨 구비해오더라도 현장의 비상상황을 예측하지 못하기 때문에 문제는 늘 발생할 수 있습니다. 스텝들의 빠른 판단과 순발력, 결단력 등이 필요하다는 것을 사소한(?) 일이지만 다시금 느끼게 되었습니다.

　김동엽 교수의 노변정담이 시작될 무렵 인제군의 정창수 의원, 이태균 의원과 당원들이 도착했습니다. 옥수수도 삶아 왔는데 그 맛이 일품입니다.

　여름날의 강원도 옥수수는 궁금한 사람들의 입을 달래며 수박과 함께 저녁 풍경을 깊게 합니다. 김동엽 교수는 북의 핵과 미사일 그리고 사드와 관련한 주제를 전문적 식견을 바탕으로 손쉽게 설명해 냅니다. 우리는 북의 핵미사일 능력이 고도화되고 있음을 알면서도 이를 받아들이지 못하고, 그저 제재와 압박을 반복하며 이러지도 저러지도 못하면서 해결하지도 못할 뿐입니다.

　답답함 속에 여름밤은 그렇게 깊어 갑니다.

국방의 다른 이름은 평화입니다

김동엽 교수

"지금 접경 지역의 가장 큰 문제는 우리 스스로가 여기가 뭔가 분단된 선이라는 패배의식에 갇혀있다는 겁니다. 이런 패배의식이 아니라 우리 스스로 개척해 나간다는 생각을 갖고 도전할 필요가 있지 않겠느냐, 결국 군사적으로 생긴 선인데 군사적인 문제를 해결하기 위해서는 우리가 과감하게 군사적인 생각을 해야 하지 않겠느냐 생각하는 겁니다.

접경 지역 자체를 좀 확대해나갈 필요가 있습니다. 지금 우리가 말하는 DMZ라는 개념 자체가 어떤 장벽으로서의 국경, 특수한 지역, 낙후된 지역, 접경 지역 이렇게 인식되어 왔습니다. 그러나 이것들을 확대시켜서 무언가를 거르는 필터이자 상호 공존하는 지역으로 확대해나가야 합니다. 이것은 결국 개방과 성장이 통합된 접경지로, 개방된 공간으로 우리가 인식해나갈 필요가 있는 겁니다. 그렇게 하기 위해서 우리가 현재 갖고 있는 생각 자체를 단순히 어떤 지정학이나 군사학, 경제학, 안보학의 개념이 아니라 좀 더 큰 틀에서 이런 의미들을 다 가지는 확장과 융합이 필요하지 않겠느냐 봅니다."

5일

8월 7일 월요일 맑음 총 27km 32,411보

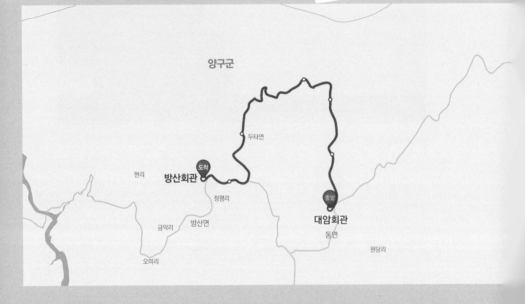

7시 50분   대암회관
9시 06분   비득안내소
11시 30분   금강산 가는 길
12시 40분   두타정
14시 30분   이목정안내소
16시 09분   방산회관

두타연의 비목 그리고 가시철망, 평화의 꽃으로 피어나다

민통선 걷기 5일째는 몸과 마음이 모두 상쾌한 아침으로 시작했습니다. 이미 사전부터 두타연 길이 걷기도 좋고 가장 아름다운 길이 될 것이라 예고된 때문입니다. 이미 우리의 기대는 두 배로 부풀어 올랐습니다.

지난 50년 동안 일반인의 출입이 통제되어 오염되지 않은 천혜의 자연을 간직하고 있는 두타연은 1천여 년 전 두타사라는 절이 있었다는 데에서 이름이 비롯되었다고 하고, 금강산 송라암에서 수행 정진을 하던 회정선사와 관세음보살에 얽힌 전설이 깃들어있는 연못입니다. 그런데 '두타'란 무슨 뜻일까 보니, 번뇌의 티끌을 떨어 없애고 의식주에 탐착하지 않으며 청정한 마음으로 불도를 수행하는 것을 의미한다고 합니다. 이제는 그 터만 남아있지만, 절의 이름으로 너무나 적합하고 아름다운 이름이라고 생각됩니다.

7시 30분이 조금 지나서 체조를 마치고 우리 일행은 일찌감치 와서 기다리셨던 두타연 해설사 김영란 선생과 함께 기념사진 촬영을 한 뒤 출발했습니다. 1차 목표지인 비득안내소까지는 약 6km입니다.

대암회관을 떠나 아스팔트 길을 조금 지나니 정창수 의원이 아침 일찍 들일을 마치고 결합했습니다.

오른쪽의 월송저수지를 두고 아스팔트 고갯길을 오르며 정창수 의원은 아주 어려서부터 자란 고향 얘기 중 금강산 얘기를 합니다.

어른들 얘기 중 가장 가깝게 금강산 가는 길이 이 도로로 연결될 수 있으며, 우리 정부가 미리 이 길에 투자해서 내륙으로 금강산 가는 길을 준비하면 좋겠답니다.

어젯밤에도 느낀 거지만 농촌에서 군의원 하시는 분들은 '정치 따로 생활 따로', 이렇지 않구나 생각하게 됩니다. 아침 일찍 들일을 마친 것도 그렇지만 삶에서 나온 얘기가 바로 정치고 자치의 소재라는 생각 때문에 그렇습니다.

대략 5km쯤 되었을까, 일행이 약간의 경사길로 접어들기 시작할 때 양구군의 전창범 군수와 OOO 21사단장의 차가 위에서 내려오다 멈춥니다. 아마 비득안내소에서 기다리다 내려와서 우리 일행에게 인사하고 바쁜 일정을 따라 움직이려 하셨나 봅니다.

9시도 안 되었을 텐데 벌써 한 군데 다녀오셨다니 부지런도 하고 성

의가 참 대단하십니다. 두 분이 함께 오신 것처럼 실제 두타연의 개방 과정에서 군(軍)과 군(郡)의 협력이 잘 이뤄지고 있답니다. 두타연의 사례가 민통선뿐만 아니라 모든 곳에서 민군협력 과정의 모범사례로 퍼졌으면 좋겠다고 생각했습니다.

고마운 마음으로 두 분을 보내 드리고 고갯길을 마저 걸어 오르니 비득안내소 입구가 나옵니다. 9시가 조금 지났을 무렵 우리는 기다리고 있던 000 대령과 인사를 나누었습니다.

이 지역을 지키는 00연대장인데 일행과 기꺼이 기념촬영을 하고 두타연에 대해 설명합니다. 통제소 입구에는 주차장 같기도 하고 널찍한 공터가 형성되어 있는데, 소나무 한 그루가 높이 서 있는데 인상적이었습니다. 홍의락 의원님은 잠깐의 휴식시간에도 특유의 풍모로 좌중을 압도하며 우리 일행을 즐겁게 편안하게 해 주십니다.

오래전부터 군과 군 사이에 두타연 개방과 관련해 논의를 거듭했답

니다. 그 결과 GPS가 장착된 비표를 달고 입장을 해 위험지역에 접근하거나 제한구역에서 이탈하면 CCTV로 통제하는 시스템을 도입하기로 합의했답니다. 그래서 지금은 1년에 10만 명이 찾아오고 있으며 당일에도 출입이 가능하다고 했습니다. 아마 지역 경제에도 적지 않은 힘이 되고 있을 법 싶습니다.

사실 두타연은 월요일에는 개방하지 않습니다. 그런데 공교롭게 우리 일행의 행진 일정과 겹치게 되어 군과 군이 우리 일행만의 통과를 허용해 주었습니다.

고마운 마음을 전하며 다시 비득고개를 넘어 한 한 시간쯤 펼쳐지는 4km 길, 우리는 지금까지 걷던 길과는 전혀 다른 비경을 접하게 됩니다.

도로도 시원하게 정돈되어 있고 양옆으로 늘어선 나무와 그 그늘들은 참 걷기 좋은 길을 걷는다는 행복을 느끼게 합니다.

잠시 걸음을 멈추고 오전 10시 30분을 전후로 우리는 준비한 옥수수와 사과 등으로 간식을 나누었습니다. 피크닉 시설처럼 나무로 벤치와 테이블을 만들어 놓는데 잠시 쉬어가기는 안성맞춤입니다.

다시 4km를 걷고 오전 11시 40분, 우리 일행은 금강산 가는 길 앞에서 오랫동안 발걸음을 멈춥니다. 휴식을 취함이기도 했지만, 자꾸 서성거리며 멈춰 선 우리들의 발걸음을 붙잡는 것은 끊어진 겨레의 애절함 같은 것입니다.

모두가 '금강산 가는 길' 푯말 아래서 사진도 찍고 닫힌 신작로의 철망 앞을 서성거리며 개인 사진도 남깁니다.

　다시 가야 하는 길, 다리를 건너 두타연의 속살을 보기 시작합니다. 다리 중간에 투명 유리가 설치되어 아래로 흐르는 물살들을 내려보게 합니다. 나무숲 사이로 소로를 만들고 양옆으로 식생과 야생동물들의 사진을 걸어 소개하고 미술작품도 걸어 놓았습니다.

　그 작은 숲길을, 오솔길을 두 번을 들어갔다 나왔다가 하는 사이 다

리 하나를 더 지났습니다. 투명 유리가 마찬가지로 설치되어 있고 소
로에서 김영란 선생과 안내 장교의 설명이 있었습니다. 우리 일행
은 4km를 다시 걸어서 '두타정' 정자 앞에 도착했습니다.

12시 40분, 전창범 양구군수께서 수박까지 보내주셨고 모두가 정
자에 둘러앉아 휴식 겸 점심시간을 가졌습니다. 메뉴는 주먹밥이었
고 일행이 점심으로 맛보는 두 번째 주먹밥이었습니다.

오후 1시 20분경 점심과 휴식과 발공사를 마친 우리는 다시 이목
정 안내소까지 발걸음을 옮겼습니다.

　김영란 선생은 일행을 두타사지와 공원길로 안내하셨고, 조각공원
을 지나서 전쟁의 참상을 기념한 곳에 이르러서는 눈을 감고 함께 묵
념하게 하셨습니다. 우리는 각자 어떠한 이유로든 다시는 전쟁 없
는 평화의 한반도를 기원하였습니다.

　500m쯤 걸어서 두타연 주차장에 나와서 기념촬영을 하고 다
시 3.5km를 걸어 2시 30분 이목정안내소에 도착했습니다. 잠시 휴
식을 취하는 사이에 어젯밤 합류하신 홍의락 의원께서 작별 인사
를 하고 되돌아가셨습니다. 가장 아름다운 길을 걷는 시간을 선택
해 합류했다가 돌아가게 되어 행운이라며 거듭 길에 대한 만족감

을 표하십니다.

　숲길을 따라 김영란 선생의 안내가 이어지고 지뢰전시장을 비롯한 야외전시장을 지나 2시가 조금 못 되었을 무렵, 폭포를 지나 비목 앞에서, 무명 군인의 철모 앞에 우리 일행은 둘러섰습니다.
　김영란 선생은 자신의 선창으로 비목을 함께 부르게 하셨고 바로 이어서 김동엽 교수의 그리운 금강산도 숲속에 울려 퍼졌습니다.
　조금 더 걸음을 옮기니 합수지점의 시원한 개천이 눈에 들어오고 조금은 답답했던 우리들의 가슴에 시원한 시야를 만들어 주는 듯합니다. 또 오래된 다리에는 인근의 가시철망을 모아 만들어낸 꽃을 형상화한 조형물도 우리의 시선을 붙잡아 묶습니다.
　저 합수된 시원한 물줄기처럼 교착된 남북 관계가 시원하게 열리고 가시철망이 아름다운 꽃으로 다시 피어나듯 한반도 평화가 정착되길 기원합니다. 한 2km쯤 걷자 우리 일행은 다시 신작로로 접어듭니다.

오후 2시 30분경부터 신작로 길과 아스팔트 길을 5.5km쯤 걷다
가 방산회관에 도착했습니다. 원래 4km로 예상했던 길이 5.5km
가 된 원인에 대해 마침내 조성대 교수의 따지기가 시작되고 있습니
다. 연이은 거리의 오차에 오늘은 참기 어려웠나 봅니다.

그래도 오늘은 비교적 일찍 하루의 걷기 일정이 마무리되었고, 일
행 중 누구도 불만은 없습니다.

방산회관 앞에는 반가운 얼굴이 우리를 기다립니다. 김영진 의원입
니다. 김영진 의원은 인근에서 군대 생활을 했는데 부부가 함께 와
서 걷겠답니다.

조윤상 사장이 군대 생활을 했던 곳이라며 찾아왔고 그때 사귀었
던, 지금은 인근 대대의 원사도 함께 왔습니다. 그리고 조금 지나서 충
주고 후배라며 대대장이 찾아와서 인사합니다. 늠름하고 젠틀한 인
상의 000중령이 멋진 군인이 되길 응원했습니다.

조금 지나니 김민기 의원도 도착했습니다. ROTC 출신으로 육군 중위 제대를 했는데 이번 길에 걷기로 동참하기는 어렵습니다. 디스크에 무리가 왔기 때문입니다. 좀 아쉽지만 쾌차한 후 내년에 함께 걸을 수 있기를 기대합니다.

김민기 의원의 변함없는 의리와 김영진 의원의 애정이 번번이 고맙습니다. 유신고 출신들이라 '10월 유신고' 동문이라고 제가 종종 놀리지만 늘 형제처럼 지내는 두 사람의 모습이 부러웠습니다. 두 사람이 이제는 남 돕는 일 그만하고 자기 일로 앞에 나서면 좋겠습니다.

어제의 이야기 손님 김동엽 교수는 이용갑 부사장과 고명주 상무가 나가는 길에 돌아가고, 일행이 저녁을 먹으려고 기다리고 있자니 문성근 선배가 도착했습니다. 오늘의 노변정담 이야기 손님입니다.

통일꾼 문익환 목사님의 아들이자 그 자신이 훌륭한 통일꾼이 되었습니다. 드라마 촬영 중에도 바쁜 시간을 내어 달려와 주었습니다. 대를 이어 통일에 나선 모습이 보기 좋습니다.

민통련, 전민련 시절의 문익환 목사님을 기억하게 됩니다. 분단의 선을 그냥 한 방에 몸으로 건너버린 문익환 목사님을 빼고 통일의 길은 설명을 시작할 수 없습니다. 그 옆에 임수경도 있습니다.

통일의 길에는 그렇게 김대중과 노무현의 길 이전에 문익환의 길이 있습니다. 저와 제 아내는 주례 선생님이기도 했던 문익환 목사님의 통일의 길을 잊지 않을 겁니다.

아버지에서 아들로 대를 이은 사랑가
문성근의 통일맞이

문성근

　"쉰아홉 살에 처음 감방에 갔고 돌아가신 게 일흔여섯이었습니다. 17년 3개월 중에서 11년 3개월을 수감 생활하셨는데, 박정희 때 2번, 전두환 때 2번, 노태우 때 2번, 여섯 번을 들어가셨어요. 그중 가장 기억에 남는 건 아무래도 89년 방북이 되겠죠. 통일꾼, 통일할 아버지라는 별명을 얻게 되셨습니다.

　그러면 왜 방북을 하셨을까? 문 목사님이 법정에서 뭐라셨냐면, '청년들의 죽음을 막아야한다. 분단 때문에 민주화가 안되는 측면도 있고, 이 분단이 너무 탄탄하기 때문에 절망감을 너무 많이 느껴 아이들이 죽으니, 내가 가서 대가리로 받아서 뭔가 틈새라도 만들어보리라 그런 마음이었다.' 격정적인 토로였습니다."

2017년
8월 8일

8월 8일 화요일 맑음 일행은 총 21km를 걷고
나는 10km를 더 걸어 35,366보

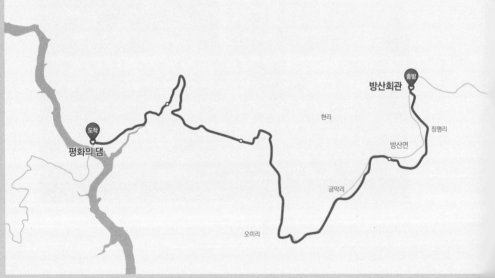

 6시 50분 방산회관
 8시 38분 방산면 수변길
10시 36분 오천터널
11시 28분 오천터널 통과
12시 20분 평화쉼터
14시 30분 평화의 댐

수변의 아침, 평화의 댐
그리고 안보의 역설

민통선 걷기 6일째는 원래 아스팔트로 쫙 이어진 지루한 길이었습니다. 뙤약볕 아래서 누구도 회피할 방법은 없습니다.

그런데 어제저녁 방산회관을 관리하던 부사관 덕에 우리는 방산면 수변로의 답사를 하게 되었고, 오전의 두 시간을 아름다운 길을 걷게 되었습니다. 어쩌면 길도 아는 만큼 즐길 수 있겠다 싶습니다.

새벽 6시부터 시작된 하루 일정, 일어나서 이불 개고 세수하고 아침 먹고 짐 챙겨서 6시 40분 방산회관의 앞마당으로 모였습니다.

몸풀기 체조를 마친 후 6시 50분 출발합니다. 아스팔트 길을 조금 걷다가 도로를 가로질러 다시 다리를 건너면 하천을 따라 약 6km쯤 조성된 방산면 수변 길이 기다립니다.

마을과 농로 옆을 지나는 수변로는 농촌의 아침을 만나게 합니다. 벼와 풀 그리고 꽃들이 이슬을 머금고 고개 숙여 인사하고, 대추와 밤나무들도 탐스러운 열매를 뽐내며 반갑게 마주합니다.

일행 중 누구도 손을 대 훼손하지 않으며 그저 고요하고 평화로운 전원의 풍광을 대한 것만으로 마음에 깃든 평화에 만족합니다. 갇혀있기는 하지만 소와 토끼에게도 정겨운 인사를 남깁니다. 사람과 자연과 동물은 일체라고….

7시 30분이나 지났을까, 첫 번째 다리를 지나 다리를 건너 마을길

에 들어섰을 때 하천 건너편에도 데크로 조성된 길이 시야에 들어옵니다. 산비탈에 연해 있어 나무 그늘도 있어 보이고, 무엇보다 물길을 감상하며 걷기에 좋아 보입니다.

수변을 따라 2~3km를 마저 걷고 아스팔트 길이 나오고, 그 주변에 형성된 나무의자와 정자에서 8시 40분, 우리는 햇볕과의 전쟁을 대비합니다.

오늘처럼 햇볕이 강하고 또 이글거리는 아스팔트 길이 많은 구간에서 선블럭과 팔다리 공사는 필연입니다.

가벼운 휴식을 취한 후 20분쯤 걸으니 종점상회가 나옵니다. 9시, 마지막 볼일들을 볼 시간입니다. 지금부터 5km 길은 우리가 가장 싫어하는 아스팔트 언덕길입니다. 힘도 들지만, 사전 답사에 의하면 무엇보다 쉴 곳이 마땅하지 않습니다. 김영진 의원 부부는 신발도 갈아 신고 일행 모두 마음을 다잡은 후 9시 30분 다시 걷기 시작합니다.

우리 일행은 오미리 산촌생태체험관을 지나 오전 10시 40분, 생각보다 빨리 오천터널의 입구에 도착했습니다. 오미리와 천미리의 이름을 따서 오천터널이라 했습니다. '5mm와 1000mm의 차이는 무얼까?' 속으로 아재개그를 해보지만, 예상외로 힘들지 않으니 좋을 뿐

입니다.

처음에 우리 일행에게 보고된 거리가 잘못된 것인지 아니면 우리 일
행이 잘 걷고 있는 건지 예상보다 시간이 단축되었습니다.

일행들도 생각보다 쉽게 경사 길을 오른 탓인지 공연히 겁주었다
고 뭐라 하지만 싫지 않은 표정입니다. 그 덕에 우리 일행은 가장 여
유 있는 하루 일정을 보내게 되었기 때문입니다.

그리 길지 않은 1.5km의 터널을 지나 11시 30분경부터는 아스팔
트 내리막길입니다. 약 4km를 마저 걸어 내리는 길에 최태영 박사
는 오른쪽 산비탈로 겨울이면 가끔 산양도 출현한다고 했습니다. 먹
을 것을 찾아 내려온다는 얘깁니다.

12시 20분 평화 쉼터에 도착한 우리 일행은 된장찌개 맛이 일품
인 점심 식사를 했습니다. 한 시간가량의 휴식을 어떤 사람은 잠을 청

하고 또 어떤 사람은 천미계곡에 뛰어들어 물장구를 치며 보냅니다.

천미계곡은 중부전선 최전방에 자리 잡은 곳으로, 하늘 아래 첫 동네라는 뜻의 천미(天尾)란 이름을 가지고 있습니다만, 1988년 평화의 댐 건설로 인하여 전체 주민이 이주하여 마을 명칭만 남아있게 됐습니다. 현재는 출입에 제한을 받지 않고 있으며, 여름에는 피서지로 각광을 받고 있습니다.

김영진 의원 부부가 조용히 발을 담그고 더위를 식힙니다. 두 부부

의 모습이 부럽기 짝이 없습니다. 아내가 쓰러지지만 않았어도 저도 저렇게 둘이서 함께 했을 테니까요.

아내는 어젯밤 집으로 퇴원했다고 했습니다. 그 소식을 듣고 오늘 아침은 그동안 기르던 수염을 깎았습니다. 꼬박 한 달의 시간을 거쳐서 아내는 집으로 돌아오게 되었습니다. 꼭 건강해서 다시는 그처럼 긴 시간 집을 비우지 않기를 기도합니다.

아내가 병원에 있을 때 참 많이 울었습니다. 아침에 일어날 때 아내가 없는 침대의 빈자리가 그렇게 무서운 적도 없었습니다. 그럴 때마다 엊그제 대암회관을 다녀간 친구 이재관 교수가 의사이기 전에 참 많이 의지가 되었습니다. 고맙기 짝이 없습니다. 이제 다시는 그렇게 징징 울고 싶지 않습니다.

1시 50분쯤 출발해서 3km쯤 걸었을까? 일행은 오후 2시 30분 짧은 터널 2개를 지나서 마침내 평화의 댐에 도착했다고 합니다.

평화의 댐은 북한의 금강산 댐 건설에 따른 수공과 홍수에 대비한다며 국민의 성금으로 건설한 댐입니다. 하지만, 건설 과정에서 전두환 정권이 북한의 수공 위협을 과장하고, 이를 토대로 국민에게 불안감을 조성하여 댐을 정치적으로 이용하였다는 정황이 밝혀지면서 많은 비판을 받기도 했습니다. 안보의 역설입니다. 어찌 보면, 평화의 댐은 분단과 냉전의 이데올로기를 집약하고 있는 곳이 아닐까 생각됩니다.

김영진 의원과 일행의 대표단은 30분 정도 수자원공사 측의 브리핑도 받았습니다. 약 30분가량 시설들을 마저 둘러보고 '세계 평화의 종' 공원에 들렸고 사진을 찍은 뒤 차량에 분승한 일행은 오늘의 숙소인 상승회관으로 향했습니다.

인근에 숙소가 마땅치 않은 터라 세 번째 부대 복지회관을 이용하러 오는 길입니다. 그런데도 거리가 제법 떨어져 있어서 약 30분 이상의 시간이 소요됩니다. 그나마 평화의 댐에서 땀을 시켰는데도 차 안은 그리 싫지 않은 땀 냄새로 통일의 진한 향기가 가득 찹니다.

4시가 조금 지나서 도착해 휴식을 취할 때 그 바쁜 와중에도 최문순 화천군수가 다녀가셨습니다. 서로가 소속한 당은 다르지만 지방 자치는 당을 초월해서 운영해야 한다던 전창범 양구군수와 이현종 철원군수와 같은 발걸음이셨을 겁니다.

　12시 40분경, 점심을 마치고 난 뒤 저는 일행과 떨어져서 다시 진부령미술관을 향했습니다. 둘째 날 아내의 병원일 때문에 오전에 서울을 다녀오느라 미처 걷지 못했던 소똥령 고갯길을 걷기 위해서입니다. 생태원의 김영진 박사가 동행해 주었습니다.

　오후 2시 20분경 소똥령 고갯길 정상 바로 밑에서부터 소똥령 마을을 향해 거꾸로 걸어내려가는데 중간중간 공사의 흔적이 너무 많습니다. 대형 장비들의 굉음이 이맛살을 찌푸리게도 합니다. 그냥 이대로도 좋은데 왜 비탈을 깎아 길을 넓히는 것일까, 솔직히 거부감도 생깁니다. 이런 상념에 마음이 불편했습니다만 어서 빨리 걸어내자고 발걸음을 재촉합니다. 7km나 걸었을까, 소나무 군락이 보입니다. 아내

가 몸을 움직이게 되면 꼭 한 번 같이 와서 삼림욕을 하도록 해주고 싶다 생각했습니다.

1km를 더 걸어서 4시경이나 되었을까, 소똥령 마을에서 기다리던 김영진 박사가 돌아가야 한답니다. 어차피 또 남은 걸음 다음을 기약하며 점심을 먹은 평화쉼터로 돌아와 남은 3km를 혼자서 마저 걷고 평화의 종에서 사진을 찍은 뒤 숙소로 합류했습니다.

이 길이 다 끝나기 전에 다시 또 마저 걸을 수 있는 기회는 없을 것 같습니다. 그럼 나중에 아내가 완쾌한 뒤 꼭 손잡고 걸어서 채워 넣겠다고 다짐을 남깁니다.

상승회관에는 저녁이 되면서 반가운 얼굴들이 찾아옵니다. 원주의 곽희운 의원과 김정희 의원이 옥수수를 잔뜩 쪄서 달려왔고, 이춘희 철원인제화천양구홍천군의 여성위원장 일행, 구로구의 이호대 의원, 김아영 내일신문 기자, 신미령 환경미디어 편집인도 오셨습니다.

특별히 김정희 의원은 오늘도 변함없이 원주의 특산공예품인 한지로 된 손수건을 들고 와서 나눠주십니다. 늘 주변에 베풀어 큰누나 같은 품을 느끼게 하시는 분입니다.

언제나 그렇듯이 또다시 새로운 사람들은 새로운 활기를 불어 넣습니다. 그런데 눈치 보아하니 곽희운 의원이 싣고 온 맥주들을 어찌할까 망설이는 것 같습니다. 저는 그냥 모른 척하며 공식적으로 금주라는 행렬의 규율을 지키려고 합니다.

한 여름의 통일걷기도 어느덧 중반으로 접어듭니다. 조금은 체력이 고갈되었을 터이기에 오늘 저녁은 백숙으로 준비했습니다. 몸보신을 위함입니다. 그런데 닭이 덜 익어서 불평이 좀 있었습니다. 회관의 식당 장병들이 배고픔에 허덕이는 우리들을 위해 급히 내오느라 그랬을까, 급하게 채근하는 우리들 때문에 급히 내온 것일까, 두 가지 모두가 이유겠지요.

오늘의 노변정담은 김은식 교수님입니다. 여기까지 오는 길에 담아 둔 식물사진, 인물사진 셀렉션을 빔프로젝터로 틀어주셨습니다. 칡에 대해서 갈등(葛藤)을 한자로 풀고 화합과 대비해서 설명하셨는데, 칡의 유해성에 열변을 토했던 김영선 전문위원이 있었다면 좋은 칡 논쟁이 되었을 텐데 아쉬웠습니다.

DMZ : 통일, 생명, 평화 그리고 화해의 벨트?

김은식 교수

"칡은 자연성이 높은 식물입니다. 사람이 간섭하지 않아도 막 자라납니다. 그래서 칡이 DMZ, 사람이 갈 수 없는 곳, 바로 비무장지대를 상징하는 것이 아닌가 합니다.

또 중요한 것은 칡이 한자로 하면 갈(葛)입니다. 갈등(葛藤)의 주인공이에요. 갈과 등. 갈은 칡이고 등은 등나무입니다. 칡은 시계방향으로 올라가고, 등은 시계 반대 방향으로 올라가니까 두 개가 서로 겹치면 풀리지가 않는 겁니다.

그런데, 저는 여기서 희망을 봅니다. 여기(DMZ)에 등나무는 없거든요. 갈등을 일으키는 등(藤)은 없다는 점에서 희망적으로 생각합니다. 갈만 있으면 갈등이 생기지 않으니까. 역사상 화해와 동화의 상징으로 이방원이 쓴 시의 드렁칡을 들 수 있습니다. 이 분단 상황에서 우리가 생각할 수 있는 화해의 길은 바로 그게 아닌가 생각해봅니다.

칡은 이런 화해와 동화의 역사적인 상징이라고 할 수 있습니다."

8월 9일 수요일 맑음 총 30.3km 38,605보

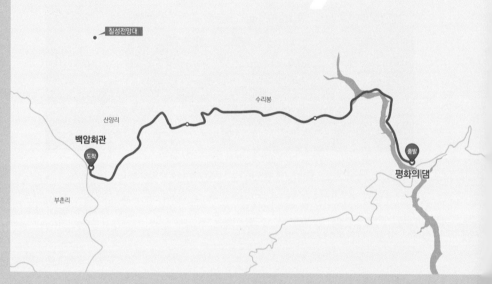

7시 30분 평화의 댐
9시 56분 안동철교
10시 53분 수리봉 입구
14시 37분 수리봉 정상
16시 55분 수리봉 하산
17시 15분 백암회관

아무도 가지 않는 길, 수리봉

  민통선 걷기 7일째, 오늘 우리의 걷기는 또 한 번의 험로가 기다립니다. 수리산 길입니다. 뒤에 안 일이지만 군사적 가치가 적어 군도 평상시에 잘 이용하지 않는다고 했습니다.

  오전 6시 30분 아침 식사를 서둘러 마친 우리 일행은 7시경 숙소를 출발해 평화의 댐을 향해 출발합니다. 아래 터널을 잠시 지나 7시 30분에 수자원공사 앞에 모인 일행은 관할 지역 연대장과 인사하고 화천경찰서 김두연 전 서장 일행과도 인사를 나누었습니다.

  특별히 안호영 의원께서 먼 곳에서 달려와 주셨습니다. 학생시절 민주화운동의 마음 그대로, 세상에서 둘도 없는 선한 눈으로 의정활동을 펼치고 있는 의원입니다.

여느 때처럼 몸풀기 체조를 마치고 내리막길을 걸어내리며 댐의 웅장함을 돌아봅니다. 그렇지만 평화의 댐과 관련한 부정적 기억은 그리 쉽게 지워지는 것만은 아닐 겁니다. 온 국민의 성금으로 축조된 저 댐이 안보 몰이의 하나는 아니었는지, 아직도 논란은 끊이지 않기 때문입니다.

오전 7시의 출발부터 첫 번째 휴식을 맞은 4km 남짓한 거리, 야트막한 오르막의 강변길을 돌며 제법 널찍한 장소에 우리 일행은 모여 휴식을 보냈습니다. 8시 40분이 좀 안된 시간이었습니다.

많은 곳에서 사진 촬영이 금지되어 있어 영상기록을 남기는 것이 쉽지 않았습니다. 그래도 군 시설이 배경으로 나오지 않는 선에서 군데군데 사진을 남깁니다.

가는 길 중간중간에 고라니, 멧돼지 때로는 산양의 배설물 흔적이 남아있고 혹시나 만날까, 기대감도 가져보지만 막상 만나지는 못했습니다.

다시 3km를 더 걸어 오른쪽으로 보이는 감우로 입구를 그냥 지나 우리는 안동철교를 건넜습니다. 이곳이 평화의 댐이라는 생각만 하지 않으면 그 자체로 절경입니다. 마치 수묵산수화 같은 절경입니다.

9시 50분경입니다. 여기서 21사단에서 7사단으로 인솔 장교의 교대가 이루어졌습니다. 잠시 헤어짐과 만남의 시간을 가질 뿐 우리는 계속 걸었습니다.

1km 남짓 걸었을까, 초소 건물에서 용변을 본 일행은 간단한 민통

선 진입 절차를 거치며 바로 행진을 이어갑니다. 그리고 철교 이후 도합 4.3km 아스팔트 길을 따라 걷다 보면 마침내 수리산 입구가 나타납니다. 이곳에서 조금 더 가면 부대시설이 있던 자리가 나타나는데 우리는 점심 겸 휴식을 길게 갖게 되었습니다.

점심을 먹고 길을 나선 우리는 엉뚱한 길로 접어들었습니다. 한 200m쯤 가파른 산길을 오르고 있는데 뒤에서 일행을 챙기던 민군 장교가 화들짝 놀라 쫓아 올라오며 일행의 발걸음을 돌려놓습니다.

갈래길에서 아무 것도 모른 채 앞에서 걷던 이들이 그냥 오른쪽 길

로 들어서면서 생긴 오류였습니다. 군의 도움을 받기를 참 잘했다 싶었습니다. 일행은 선두에 선 사람들에게 한 마디 씩 구박하곤 돌아섭니다. 가파른 산 길 200m는 체력적으로도 손실이 결코 작지는 않습니다.

경사가 심한 산길을 오르는 일은 쉽지 않습니다. 한 시간에 대략 2km 정도로 걷고 세 번을 쉬면서 오른 끝에 우리는 수리봉 정상에 도달했습니다.

　　12시 40분경 하늘은 높고 태양은 뜨겁고 나무 그늘이 늘어선 숲길
의 한복판에서 쉬고 있는 우리들의 모습은 다양합니다.

　　고갯길을 막 걸어올라 숨을 헐떡이던 첫 번째 휴식은 그냥 드러눕
는 것이 좋습니다. 안호영 의원과 함께 나선 청년회장은 거의 그로
키 상태 직전까지 갔습니다.

　　1시 10분, 약간의 계곡이 있던 두 번째 휴식은 그냥 물속으로 풍덩
입니다. 계곡에 담긴 발등은 호강입니다. 그 틈에 남은 주먹밥을 먹
는 사람도 있습니다. 주먹밥을 입안 한가득 밀어 넣는(?) 이호대 의원
의 사진은 인생 최대 베스트 컷이 아닐까 싶습니다.

　　오후 2시 37분경 정상에서 바라본 사방의 풍광은 경이적입니다. 멀

리 화천 백암산에 케이블카를 놓기 위한 공사의 현장도 바라보입니다. 산에게 미안합니다. 능선을 등성이를 깎아 사람의 편리함을 추구하는 것은 아닌지, 그저 제 발로 산을 오르기 어려운 사람들을 위한 배려와 최소한의 훼손으로 끝나길 바랄 뿐입니다.

약 10분을 채 못 가면 헬리콥터 장이 나오고 여기서 우리는 단체사진을 찍었습니다. 넓은 V자로 늘어선 우리의 대형은 무엇을 뜻할지, 가상의 적대와 싸워 이기겠다는 뜻 보다 둘이 하나로 모여지는 합곡의 의미이길 바랍니다. 그래서 화이통 대신 특별히 손가락 하트를

남겨 봅니다.

　나무 그늘도 없고 따로 쉴 곳도 없으며 휴식을 취한지 얼마 되지 않은 시간이라 우리는 바로 걸음을 재촉했습니다.

　수리봉 정상에서 평지로 내려오는 길은 7.9km, 멀리 이길재 사장 부자의 모습이 보입니다. 이길재 사장 부자는 아들이 초등학교 다닐 때 부산까지 자전거를 타고 다녀올 만큼 체력이 참 좋았습니다. 어느새 다 자라 대학에서 사진을 전공하고 있다 했는데 중간 중간 우리 일행에게 품격이 다른 촬영 솜씨를 선보이기도했습니다. 그들 부자에게 멋진 추억이 하나 더 더해졌기를 기원합니다. 문득 제 엄마를 보살피고 있을 제 아들도 보고 싶어졌습니다. 아들이 고맙기 때문입니다.

오랜 시간 발길이 끊어진 듯 잡초들도 제법 자랐습니다. 길 가운데도 풀들이 자라 좁은 길도 다시 둘로 나눕니다.

처음부터 무리였는지, 청년회장은 결국 군부대의 작전 차량에 태워 호송하기로 했습니다. 그 김에 잠시 휴식을 취하기로 했습니다.

조금 더 내려가는데 연락이 중복된 바람에 오상택 비서관이 물을 공수하는 길에 다시 아이스크림이 등장했고, 태양을 가려준 나무 그늘 덕에 숲길에서의 아이스크림은 또 다른 새로운 맛입니다.

열심히 걸어내려 온 뒤에 우리는 두 가지를 알았습니다. 하나는 이 길이 뱀이 많은 길이었답니다. 우리가 몰랐던 탓에 그날 그 길

에는 뱀이 없었습니다. 또 하나는 군도 평상시에 별다른 작전을 수행하지 않는 길이었다고 했습니다. 군사적 요충지가 아니기 때문이랍니다. 그래서인지 민군협력 장교 OOO소령도 작전지도에 의존해 우리 일행을 안내했습니다.

아무도 다니지 않는 길을 우리가 걸어냈듯이 역설적으로 통일의 그 길, 평화의 새 길을 우리가 걸어내길 희망합니다.

이 길의 끝은 군부대로 이어집니다. 길의 끝이 부대의 후문 격이고 우리는 그런 줄도 모른 채 부대 영내로 들어섰습니다.

5시가 조금 안되는 시간입니다. 하산이 완료된지라 잠시의 휴식이 필요했지만 일행을 수습해서 즉시 부대의 진영 밖으로 벗어나기로 했습니다.

다시 1.2km쯤 지났을까, 7사단의 OO 대대 위병소가 나옵니다. 최웅식 보좌관이 숙소까지 대표로 걷기로 하고 5시 10분 무렵 우리 일

행은 즉시 차량에 분승하고 칠성(7사단의) GOP 전망대를 향합니다.

5분 거리이고 다른 전망대에 비해 규모가 작아 보이지만 전망은 뛰어난 곳입니다. 이곳 칠성전망대에서는 남한에서 유일하게 북한으로 흘러갔다가 평화의 댐으로 이어지는 금성천을 볼 수 있습니다.

해가 지기 전에 서둘러 시찰을 마치고 일행은 즉시 하산합니다. 전망대를 뒤로하고 돌아오는 마음은 언제나 착잡합니다.

돌아오는 길에 혼자서 30분가량을 걸어와서 기다리던 최 보좌관을 픽업하고 숙소로 향했습니다. 오늘 우리가 묵는 곳은 백암회관입니다.

7시쯤 숙소에 도착하니 박시백 화백이 먼저 와서 기다리고 있습니

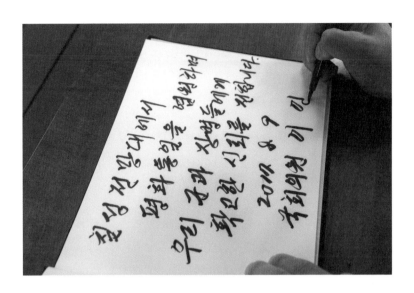

다. 노변정담 오늘 저녁 우리의 이야기 손님입니다.

얼큰한 부대찌개로 식사를 하는 한편에선, 군 의무차에 가서 물집 잡힌 발 등을 치료합니다. 우리들끼리 물집을 터뜨리고 밴드를 감는 등 야매(?) 치료도 물론 훌륭하지만, 정식(?) 의료인인 군의관에게 치료받을 수 있는 기회이고 또 부수적으로 압박밴드 등 부족한 의료품까지 얻을 수 있기 때문입니다. 퇴근시간이 지난 저녁시간에 일부러 진료를 와주신 군 의무대 장병 분들께 다시 한번 감사의 마음을 전합니다.

급히 식사를 마치고 7시 30분부터 노변정담이 시작됩니다. 박시백 화백은 만화로 조선왕조실록을 살려냈지만, 저는 그에게서 원래 우리가 하나였던 나라를 상상합니다. 명조 청조 지금의 중국에 이르기까지, 일본과 러시아 포함해서 못난 조선의 시대도 있었지만, 그래도 분단되지 않았던 조선이 어떤 면에서는 더 의미 있는 나라였을지도 모르겠습니다. 우리가 통일되고 역사 이래 최초로 위대해지는 새로운 역사를 꿈꾸는 밤입니다.

노변정담을 마친 후 황찬중 의원은 춘천으로 바로 돌아가겠다며 작별 인사를 합니다. 꾸준히 페북에서도 만나왔지만, 6월항쟁 30주년 토크콘서트에도 다녀갔었는데, 통일걷기를 또 함께 해주니 고맙기 그지없습니다. 허영과 함께 춘천을 새롭게 젊게 만들려는 그의 도전이 성공하길 응원합니다.

곽희운 의원까지 마저 돌아가겠다고 합니다. 이유는 숙박공간이 부족하기 때문입니다. 제가 스텝 후배들과 인근 경로당을 빌려서 자겠다고 자처했음에도 여전히 숙소가 부족합니다. 곽 의원은 하루 더 자려 했는데 그냥 바로 돌아가겠답니다. 부인이 충주 사람이라며 핑계김에 더 가까워졌지만, 그 이전에 문막에서 원주의 꿈을 키워가는 곽 의원에게 저는 인간적으로 매료되어 있습니다.

민통선 아름다운 길을 걷겠거니 왔다가, 험준한 산을 넘어 30km 행군을 하니 아마도 둘은 군대 시절 생각이 났을 겁니다. 요즘 말로 '난 누구? 여기서 뭐 하고 있나?' 하지 않았을까, 고생한 둘에게 고맙다는 말 남깁니다.

조선 왕을 통해 본 통일 이끌 리더십

박시백 화백

"현대 정치로 보면 그렇지만, 리더나 그 시대를 함께 했던 사람들이 가졌던 집단적인 경험들이 이후의 정치에 굉장히 영향을 많이 끼치는 것을 볼 수 있습니다. 조선의 왕들의 경우를 보더라도, 왕이 세자 시절에 겪었던 국가적 경험이나 그 전대 임금이 겪었던 특별한 경험들이 그들의 정치, 그들의 리더십에 상당히 많은 영향을 끼치고 있다는 것을 알 수 있습니다.

오늘 분단을 살아가고 있는 우리들이 적대의 시선으로, 차별의 시각으로 서로를 바라보는지 아니면 통일의 염원으로, 하나 됨의 열망으로 새 날을 준비하는지, 참 중요하겠다 싶습니다."

2017년
8월 10일

8일

8월 10일 목요일 비 총 23km 32,161보

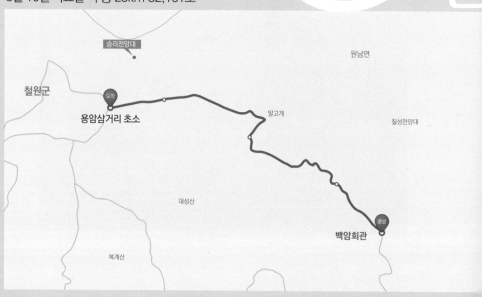

6시 50분	백암회관
8시 35분	7사단에서 15사단 교대 초소
9시 50분	금성지구 전투전적비
11시 15분	15사단 수색대대
12시	승리전망대
14시	수색대대 복귀
15시	용암삼거리 초소

옷도 신발도 피부도 젖어 넘는 말고개

민통선 걷기 8일째 아침은 서둘러야 했습니다. 어젯밤 숙소가 부족해서 10분 떨어진 인근 부촌리 경로당에서 스텝들과 하룻밤을 보낸 탓에 더 빨리 서둘러야 했습니다.

부대 복지회관도 숙소로 훌륭하지만, 경로당이 가지는 특별한 매력이 있습니다. 첫째 일곱 명이 잤는데 공간이 충분합니다. 부대 복지관은 기본적으로 3인 이상 자기에는 좁습니다. 둘째 중간 칸막이가 있어서 코 고는 사람과 그렇지 않은 사람의 구분배치가 가능합니다. 수면의 질이 좋아집니다. 셋째 제일 좋은 것인데 미건기가 최소 2대씩은 있어 기계 안마가 가능합니다. 걷기로 인한 피로를 풀기에 좋습니다.

감사의 표시로 수박 한 덩이를 냉장고에 조용히 담아두고 새벽 걸음을 재촉합니다.

새벽 6시, 세면과 동시에 곧바로 차를 몰고 식당으로 달려왔습니다. 삼거리 주변의 병천순대 식당입니다. 다슬깃국이 인상적입니다. 이른 아침 식당의 문을 열고 맛있는 밥상을 준비해 주신 게 여간 감사한 일이 아닙니다.

오전 7시가 조금 못 되어서 서둘러 아침을 마친 후 강소연 대표와 조성대 교수는 아쉬운 작별 인사와 함께 서울로 돌아가고, 몇몇 사람은 대대 위병소 앞으로 되돌아갔습니다. 어제 미처 걷지 못한 길

을 마저 걸어오기 위함입니다. 인솔 장교는 OOO대위로 바뀌었습니다.

약간의 빗방울이 떨어질 무렵 7시 20분, 2km를 걸어서 칠성상회 앞에 도착하니 모든 일행이 집결합니다. 배낭을 덮어 비를 막아줄 커버를 하나 사며 주인아주머니와 인사했습니다. 낯선 일행들에 정겨움 반 무뚝뚝함 반을 풍기며 포스를 세우십니다.

8시 35분, 6km를 걸어 도착한 초소에서는 7사단에서 15사단으로 우리 일행에 대한 임무 교대가 있었습니다. 다른 때 보다 깐깐한 점검 끝에 우리 일행을 대표해 최웅식 보좌관은 각서까지 썼다고 합니다. 이 개명된 세상에 보안 교육까지 하려는 듯한 15사단 초병의 태도는 분명 경직된 태도인데, 근무를 성실하게 잘 서는 것이려니 좋게 해석하고 발걸음을 돌렸습니다.

　헌병 차가 등장하고 거기서 내린 인솔 장교 000소령은 참 많이 유연하고 자상합니다. 곧 승진해서 대대장 임지로 부임할 예정이라고 했습니다. 조금씩 내리던 비는 점점 거세지고 다시 우리는 우비를, 판쵸를 고쳐 입습니다. 빗속을 걷는 것은 오늘이 처음입니다. 첫 번째치고는 장대비가 혹독합니다. 옷도 젖고 신발도 젖고 피부까지 젖는 듯합니다.

　이쯤에서 어젯밤에 합류한 두 후배를 소개해야겠습니다.
　먼저, 전대협동우회의 회장 선출을 앞두고 통일걷기에 합류한 조정필 후배는 맑은 눈에 웃는 얼굴이 참으로 선한 사람입니다. 내 마음의 고향과 같은 전대협 동우회를 이끌어가게 될 그를 자주 신경 써서 바라보게 됩니다. 그가 회장이 되어 이끌어가는 동우회는 너무 나서지도 않고 그렇다고 어디 빠지지도 않는, 이 사회에 꼭 필요한 소금 같은 모임이 될 것이라 기대하고 있습니다.

다음으로 전주시의회 의장을 지낸 조지훈 후배입니다. 조 의장
은 전국 최초로 와이파이 프리존 정책을 만들었는데 전주시장 도전
에 실패하면서 그 정책이 수포가 될 뻔했습니다. 제가 그 정책을 구로
의 이성 구청장에게 제시하여 사업이 시행되었는데, 나중에 구로구
가 이 사업으로 행정안전부 장관상을 받기도 했습니다. 지난 '톡투
(talk to) 6월항쟁' 행사에 그를 불러 이런 사실을 소개하며, 더 나
은 미래를 준비하고 시대를 앞서가는 그의 노력을 자랑했었습니다.

유독 행진 인원수가 제일 적은 날이었는데 비까지 내리니 몸도 마
음도 쳐지는 것이 사실이었습니다. 그래도 이 둘이 있어서 걷기 인원
이 한 자릿수가 아니라 두 자릿수를 유지할 수 있어서 체면(?)을 구기

지 않았습니다. 특별히 고맙습니다.^^

6km를 걸었을 때 '말고개' 버스 정류장이 나타납니다. 좁지만 비를 피할 곳이 있어서 우리는 여기서 잠시 쉬고자 했는데, 인솔 장교는 조금 더 올라가서 금성지구 전적비에서 쉬자고 했습니다. 사진을 한 장 찍어 남긴 후 500m쯤 걸어 오르니 전적비는 나오는데 인근에 비를 피해 쉴 곳이 없습니다. 간이 화장실 앞에 서성거리다 보니 100여 m 떨어진 곳에 기도원이 하나 있습니다. 반가운 마음에 달려갔지만, 문은 걸려있고 일행은 처마 밑에 옹기종기 모여 잠시 비를 피할 뿐입니다. 한돈길 비서가 차 시트 버린다고 차에서 쉬지 못하게 해서 다들 생고생입니다.

다시 대전차 방호벽을 지나서 4km를 걸어 내리니 15사단 00대대가 나옵니다. 오늘 점심은 이곳 대대 식당에서 해결하기로 했습니다. 11시 15분, 너무 심한 빗길에 걸어온 우리 일행에게 대대장님은 빈 교육장을 내주며 비를 피하게 배려했습니다.

한 30분쯤 쉬면서 슬리퍼로 갈아 신고 신발에서 물도 빼고 젖은 양말도 짜서 또다시 물을 털고 부대가 빌려준 수건으로 젖은 옷에서 최대한 물기를 줄여 냅니다.

11시 30분 오늘은 마침 복날을 맞아 부대에서도 점심 메뉴를 닭백숙으로 준비했답니다. 우리 일행도 돈을 내고 서른 명에 해당하는 수량을 주문해 놓았습니다. 뜨끈한 백숙 국물로 속을 덥히며 몸보신도 하니 일석이조입니다. 감사한 마음과 함께 아주 적은 액수지만 성의도 전달했습니다.

부대 PX에서 마른 양말을 구입해서 갈아 신은 후 일행은 다시 발걸음을 옮길 때입니다. 혹시 전망대에 다녀오는 사이에 비가 잦아들 수 있으니 걷다가 전망대로 가지 말고 전망대를 다녀와서 이곳부터 다시 걷기로 했습니다.

12시가 조금 지나서 버스에 탑승한 일행은 부대 앞 정문에서 기다리고 있던 박미자 환경청 원주지청장 일행을 같이 태워 승리전망대

에 12시 30분이 좀 지나서 도착했습니다. 강원대 김영철 교수와 원주대 박영철 교수가 동행했습니다.

승리전망대는 휴전선 155마일 중 정중앙에 위

치하고 있습니다. 현재 DMZ에서 북한의 휴전선 감시 초소와 가장 근접한 곳이기도 합니다. 북한 쪽 관측이 가장 잘 되는 곳으로 북한군의 이동 모습은 물론, 경원선 철도, 광삼 평야, 아침리 마을 등을 볼 수 있는 곳입니다.

한 시간가량 머물다가 다시 오후 2시 부대 앞으로 돌아와 걷기를 준비합니다. 기대했던 대로 비가 잦아들고 다소 걷기에 좋은 상황이 되었습니다.

OOO소령은 원래 사곡리 신사곡교차로까지 가기로 된 코스를 조정해 주며 용암 삼거리 초소까지 걷게 했고 그 덕에 우리는 2km 이상을 단축할 수 있게 되었습니다. 오후 3시, 우리는 4, 5km를 걸어서 원래 예정했던 신사곡 교차로가 아닌 용암 삼거리에 도착했습니다.

차량에 분승한 우리는 10분이 안 걸려 숙소인 필승회관에 일찍 들어갔고 샤워와 환복을 한 후 잠시 휴식을 취했습니다. 종일 비를 맞으며 걸어서 그런지 따뜻한 물로 샤워하는 시간이 참 고맙습니다. 그리고 마른 수건으로 닦고 또 뽀송뽀송한 새 옷으로 갈아입으니 어느새 마음이 환해집니다.

오후 4시까지 이외수 문학관에 가기로 약속이 되었었는데 20분 걸려 막상 도착하니 사모님만 계십니다. 선생님은 병원에 항암 치료차 일시 입원하셨답니다.

한 시간가량 선생님 대신 사모님의 훈시를 듣다가, 속으로 '사모님에게 낚였나?' 하고 미소 지으며 발길을 돌려 숙소로 돌아왔습니다.

민통선을 걷기보다는 장사 좀 하자십니다. 왜 X 고생하냐며 핀잔도 주십니다. 민통선에 산악자동차 차로를 열어 돈 많은 사람이 찾아오게 하라십니다. 전혀 다른 이유에서 민통선에 활기를 넣자고 하는 그 대담한 구상과 큰 통에 경의를 표합니다.^^

5시 30분경 숙소에 돌아오니 위성곤 의원이 도착했습니다. 그리

고 한근석 도의원과 박남진 군의원 그리고 화천군 당원들도 달려오십니다. 30분쯤 마당 벤치에서 환담하고 맞이한 6시 저녁메뉴는 삼

겹살입니다. 웬일인지 삼겹살 먹고 싶다더니 어마어마하게 먹어치웠습니다.

그런데 이 와중에 삼겹살의 '삼'자의 맛도 못 본 사람들이 있습니다. 이 길의 시종을 스텝이 되어 봉사하던 오상택 비서관, 이기진 비서, 한돈길 비서입니다. 길을 마치고 전주로 돌아가는 조지훈 의장을 위해 자동차를 주차해 둔 전날 숙소인 백암회관으로 가는 길에 이기진 비서가 자동차 키를 빠트리고 간 것입니다. 왕복 4~50분을 헛걸음하면서 오상택 비서관과 한돈길 비서는 맛있는 삼겹살을 먹을 기회를 놓쳤다며 최초로 불평을 토로합니다. 고생의 절정기라 사내들끼리의 신경전이 팽팽한 긴장을 한때 조성했답니다.

삼겹살로 저녁 배를 든든히 채우고 기다리니 8시쯤 이영훈 박사가 도착합니다. 오늘의 노변정담 이야기 손님인데 제가 알기로는 최근 북한 경제에 정통하고, 남과 북의 경제협력과 장기적 안목에서 통일경제를 준비하는데 가히 독보적 존재입니다.

북한식 핵 정치의 해법이 '안보 대 경제' 구도에서 '안보 대 안보' 구도로 바뀌고 있음을 알게 되었습니다. 핵미사일 위기 속에서 북한을 바로 아는 데 큰 도움이 되었습니다.

노변정담도 마치고 잠자리에 막 들었을 무렵, 이성 구로구청장 부부가 도착했습니다. 고마운 일입니다. 지금 보다 더 젊었던 시절 일가족을 모두 데리고 세계 일주를 다녀왔던 그들 부부가 민통선에서는 또 어떤 새로운 꿈을 꿀 지, 저는 자못 궁금합니다.

두 분은 다음날 하루를 꼬박 걷겠다고 하셨습니다. 평상시에 그리 많이 걷지 않았을 텐데 체력이 뒷받침할지 걱정입니다. 아니나 다를까, 다음날 중간중간 더위와 걸음에 지친 두 분의 모습을 카메라는 놓치지 않고 담아두었습니다. 제가 보기에는 그래도 금슬 좋은 중년 부부의 정겨움입니다. 또다시 아내 생각이 납니다.

북한 경제 실상과 한반도 신경제 지도

이영훈 박사

"북한은 경제적인 내구성-식량, 에너지, 자금조달에 있어서 안정성을 확보한 상황이고, 경제는 개선되어가고 있습니다. 그런데 남북교류 협력은 중단된 상황입니다. 정말 북한이 우리한테 아쉬워하는 게 있을까요? 예전에는 우리가 경제적인 것을 주고 북한은 안보를 주는 경제-안보 교환이었는데, 북한 경제가 좋아지면서 별로 설득력, 현실성이 없어졌습니다.

그래서 이제 안보-안보 교환을 해야 하는 거죠. 미 본토를 위협할 정도의 핵 능력을 가진 북한과 협상을 한다는 것이 어떤 얘기가 될지, 우리가 북한을 끌어들일 수 있는 게 있는지, 또 하나는 북한이 우리한테 잘못했을 때 보복할 수 있는 힘이 있는지, 무엇인가 주도적인 역할을 한다고 했지만 무엇을 할 건지 이것이 공백이고 의문입니다. 그것을 같이 논의하고 정치권에서 풀어가야 한다는 생각을 합니다."

2017년
8월 11일

8월 11일 금요일 맑음 총 28.2km 35,883보

7시 10분   용암삼거리
8시 10분   암정교
9시 20분   DMZ 생태평화공원
10시 30분   기화교
12시 20분   김화읍 청양리
14시 08분   도창리 마을
15시 40분   삼합교
15시 50분   금강산역 체험관

선물 같은 무지개, 암정교의 상흔과
끊어진 철교, 그리고 정연리의 은하수

민통선 걷기 9일째 날입니다. 오늘 우리는 처음으로 민통선 안에서 묵으려 합니다. 정연리 마을에서 하룻밤을 위해 우리는 곤충 이야기와 별 이야기를 준비했습니다. 민통선의 동심을 만끽하기 위해 어제부터 저의 가슴은 부풀어 올랐습니다.

오전 6시 세면과 동시에 아침을 먹고 6시 40분, 우리 일행은 차량에 분승해서 7시 10분, 용암 삼거리에 도착했습니다. 곧 몸풀기 체조를 하고 출발한 후 우리 일행은 7시 40분, 2.5km를 걸어 15사단과 3사단이 만나는 초소에 도착했습니다.

들판 길을 걷는 동안 먼 산 끝으로 무지개가 떠올라 우리를 반깁니다. 그 크기가 너무나 커서 가운데가 하늘에 닿아 보이지 않을 만큼 왼쪽 끝과 오른쪽 끝으로, 마치 두 개인 것처럼 나누어졌습니다.

무지개를 만나 걷는 걸음은 특별히 싱그럽고 신비롭습니다. 터무니없이 좋은 상서로움에 들떠서일까, 연신 스마트폰으로 영상을 남겨둡니다. 김은식 교수님은 카메라로 잊을 수 없는 추억을 남겨주셨습니다. 선물 같은 무지개가 왠지 모르게 좋을 오늘을 예감합니다.

초소에서 인솔 장교인 OOO소령을 따라 다시 1.5km를 걸었습니다. 인솔 장교는 일주일 후 곧 중령으로 진급하여 대대장이 되어 임지에 배치된다 했습니다. 8시 10분경, 암정교 앞입니다. 암정교에 도착

한 우리는 전쟁의 상흔을 고스란히 간직한 현대사의 유물을 만납니다. 포탄과 총탄의 흔적이 고스란히 남아있고 다리는 폐쇄된 그대로 현대사의 비극을 간직한 채 서 있습니다.

중세의 유적지, 고대사의 박물관에 손색없는 냉전과 전쟁의 현대사 기록이 이 길에 참 많겠구나 싶습니다. 내일 만나게 될 철원 노동당사도 그렇고 남방한계선 전역에 펼쳐진 삼중 철망도 고스란히 현대사의 유물이겠다 싶습니다.

잠시 상념에서 벗어나 다시 걸으면 약 2km에 달하는 DMZ 생태공원이 수변가로 조성되어 있습니다. 끝부분에는 데크로 된 휴게시설 겸 전망대도 있어 강변을 바라볼 수 있습니다. 백로도 있고 가마우지도 많다고 했습니다.

　마침 3사단장 000소장이 나와서 잠시 연대장과 함께 이 길의 주변을 설명해 줍니다. 제가 대학 시절 총학생회장 할 때 마침 ROTC 교관으로 고려대에서 근무했다고 했습니다. 전방 근무 사단장 중에 유일한 ROTC 출신이라 합니다.

　반가운 마음에 인사 나누고 당시 학군단장이던 서경석 장군께 전화로 안부까지 확인했습니다. 잘 격려해주라 하십니다.

　다시 걷습니다. 2km를 돌아나가는 길은 수변로입니다. 각종 식생과 수종들이 자연스럽게 다양한 생태를 구성하고 있습니다. 파프리

카 비닐하우스를 돌아 다시 걷는 수변 길은 간혹 벽화들도 그려져 있고, 벽화들에는 생태와 안보를 어우러 놓았습니다.

생창리 마을의 DMZ 생태평화공원 방문자센터에서 잠시 휴식을 취하는데 이용갑 부사장이 돌아왔습니다. 회사에 복귀해서 볼일을 보고 오는 길에 이벤트를 하나 준비했는데 냉장고 바지와 발가락 양말을 다수 구매해서 돌아온 것입니다.

휴식을 취하던 중 일행은 도로 건너편에서 걸어오고 계시는 할머니 세 분을 보고 깜짝 놀랐습니다. 할머니들께서 착용하신 파란 조끼

가 우리가 입고 있는 조끼와 똑같았던 것입니다. 글씨가 새겨져 있다는 것만 다를 뿐 공공 근로하시는 분들이 착용하는 조끼였던 겁니다. 위성곤 의원이 가서 반갑게 인사드립니다. 할머님들께서도 우리를 보고 놀라셨겠죠? 이 동네에 공공 근로자가 왜 이리 많이 모였을까 하면서 말입니다.

　위성곤 의원은 참 정감 많고 정의로운 사람입니다. 정의로우면 정이 적기 쉽고 정이 많으면 정의롭기 쉽지 않은데 둘 다 참 잘 갖추고 있습니다. 저는 위성곤 의원이 그려내는 제주의 미래를 늘 응원합니다. 대학 시절부터 도의원을 두 번 하던 시절을 거쳐 지금까지 그는 늘 일관된 사람이었습니다.

　안내 장교는 부대 복귀하고 우리끼리 약 5km를 걸어 오전 10시 30분에 도착한 곳은 기화교입니다. 우리는 다리 밑에서 휴식을 취하며 간식을 나눕니다.

　위성곤 의원과 스트레칭을 하고 있는데 육중한 이용갑 부사장이 따라 하며 시늉만 합니다. 장난기가 발동해 그의 허리를 접어 봅니다. 의외로 쉽게 굽어집니다.

　이현종 철원 군수님이 찾아오셨고 이성 구청장과 함께 기념사진을 남깁니다. 자치단체장들은 정치와는 약간 다른 개방성이 있어 보입니다.

다시 아스팔트 길을 안내하는 최웅식 보좌관에 맞서서 저는 일행의 발걸음을 수변 길로 틀었습니다. 펼쳐진 전경에 역시 잘했다 싶습니다. 해마다 이곳은 다슬기 축제를 벌이기도 한다는데, 하천 경치가 참 좋았습니다.

한 5km 걸어서 12시 20분, 우리는 점심을 예약한 세자매식당에 도착했습니다. 오늘의 메뉴는 김치찌개와 생선구이입니다. 브루스타의 열기와 땀 냄새가 뒤섞였지만 아주 맛있는 점심과 휴식시간을 보낼 수 있었습니다.

오후 1시 20분, 일행은 다시 걷습니다. 논길을 가로질러 하천변 뚝방길, 수변로에 올라 걷기 시작한 길은 중간에 다리에서 만나 도합 5km를 지나 도창리 마을로 이어졌습니다.

오후 2시 20분경, 도창리 마을 경로당과 마을회관 앞에는 산양유를 준비하고 우리를 맞이해 주시는 정충교, 한은수 내외분이 기다립니다. 박남진 군의원께서 특별히 부탁해서 준비하신 모양입니다. 맛도 훌륭하고 마음 씀이 감사하기 이를 데 없습니다.

20분간 시멘트로 포장된 앞마당에 둘러앉아 맛있는 시식시간을 가진 후 우리도 소지한 찐 옥수수를 내려놓고 마침 농촌봉사 활동을 나온 대학생 일행들에게 전달했습니다.

민통선 초소를 지나 걷다 보니 농사짓다 말고 나온 김갑수 철원군의회 부의장이 트럭에 물과 아이스크림을 준비하고 기다리고 있습니다. 뙤약볕을 걷던 우리에게는 사막의 오아시스와 같았습니다.

　4.7km를 마저 걸으니 삼합교가 나옵니다. 우리 일행이 민통선 밖을 걸었던 시간에 부대에 복귀해서 볼일을 보았던 OOO소령이 되돌아와서 삼합교 직전 들판에서 들려주는 지형지물에 대한 소개도 인상적입니다. 뙤약볕 밑에서 사진 한 장을 남긴 후 삼합교를 걸어 넘으니 마침내 먼발치로 금강산역 체험관이 나타납니다.

　한 500m쯤 걸었을까, 막 공사를 마치고 단장을 끝낸 금강산역 체험관입니다. 우리를 위해 개관을 서두르고 이불과 베개도 준비하고 냉장고도 급히 사다 놓으셨답니다.

　오후 3시 50분 오늘의 걷기 일정을 마무리했습니다. 정춘숙 의원이 도착했고 곧이어 권오석 교수와 '환경·생태·기상 ICT융합포럼' 회원 일행이 도착했습니다. 특히 김범철 강원대 교수님은 4대강 반대사업과 환경노동위 활동 때부터 알고 지냈는데 더욱더 반가웠습니다.

　샤워와 휴식을 취한 후 저녁 식사를 위해 조금 일찍 정연리 마을회관으로 나갔습니다. 5시 30분 부녀회에서 준비한 저녁은 맛있기 짝이 없습니다. 쌀도 두부도 깻잎도 직접 재배하고 만드신 거라 했습니다.

　6시쯤 임성빈 이장님의 마을의 역사에 대한 이야기를 듣고 우리 일행은 이장님을 따라 즉흥적으로 일정 하나를 추가했습니다. 인근에 금강산 가는 철교가 있는데 그곳을 가보기로 한 것입니다. 도착해서 철교를 마주친 순간, 우리가 걷고 있는 이 길의 컨셉이 한순간에 완성됩니다.

　끊어진 철교, 일행은 철교 위에 도열해 먼 발치에서 줌인한 카메라

로 사진 촬영을 합니다. 이 사진은 고스란히 이 책의 표지가 되었습니다.

　7시가 못 되어 이성 구청장 일행이 구로로 돌아가고 임찬기 민주연구원 운영실장이 합류했습니다. 7시 10분경 일행은 숙소로 돌아와 노변정담을 준비했습니다.

　먼저 한 시간가량 권오석 교수의 곤충 이야기를 듣고 나서, 8시 30분쯤 밖으로 나와 이병철 전주기상과학관 해설사의 설명에 따라 하늘의 별자리를 올려다봤습니다. 북두칠성, 카시오페이아, 견우와 직녀들이 동심처럼 맑은 통일의 염원을 은하수에 띄워 보내게 합니다.

　마을 아이들도 함께 나와 별들을 선으로 이으며 모양을 만들어갔습니다. 아이들의 웃음소리가 즐겁기만 합니다. 그 웃음소리가 통일로 가는 소리입니다.

　곤충은 사람의 구별에 무관하고 또 휴전선을 마음대로 넘나들 것이

고, 별빛은 남과 북의 어느 곳에서도 내편 네편 없이 자유롭게 볼 수 있을 것입니다.

그저 동심으로 돌아가 정치나 군사의 대결을 넘어 우리 주변에 하나인 것들을 만나보게 되었습니다. 분단이 많이 길어졌지만 아직 우리는 다른 것보다 같은 것들이 더 많겠다 싶기도 합니다.

내 아이가 조금 더 어렸으면 꼭 함께 오고 싶을 길입니다. 아내가 아프지만 않았어도 반드시 함께 나누었을 추억입니다. 아들의 아이가 생기면 할아버지가 되어 민통선의 마을에서 밤하늘의 별을 보며 우리 겨레의 꿈을 다시 얘기하고 싶은 밤입니다. 그렇지만 계속해

서 들려오는 대남방송의 위력이 여기가 민통선임을 다시 한번 일깨
워 줍니다.

임성빈 이장님은 어느새 미꾸라지 튀김을 한 쟁반 준비해 놓으셨습
니다. 일행들이 돌아가며 한두 마리씩 맛을 봐도 여전히 남을 만큼 아
주 많은 양입니다. 양도 양이지만 정성이 감사하기 그지없습니다.

눈치는 소주 한잔하고 싶으신데 우리 일행이 금주한다 하니 적잖
게 실망하신 듯했습니다. 차에 소주 세 병 있다 하시길래 못 이기는 척
하고 가져오시라 하니 이내 표정이 밝아지십니다. 김범철 교수님, 김
은식 교수님을 비롯 몇 사람만 초청해 열 명 남짓 술잔을 나누니 소주
가 곧 바닥을 보입니다. 이장님은 못내 아쉬워하시는 표정이 역력합
니다. 술자리를 끝맺으며 꼭 다시 와서 이장님 모시고 술 한잔 받아드
려야겠다고 생각했습니다.

'미래자원 곤충', 남북 곤충 들여다 보기

권오석 교수

"곤충이 미래 자원이다. 전 세계 생물자원의 활용 현황을 보면 우리 인간이 활용하는 자원이 생각보다 정말 적습니다. 식물이 2%, 미생물이 5%, 곤충은 0.1% 정도밖에 안 됩니다. 지구 생태계에 엄청나게 많은 생물자원이 있음에도 불구하고 아주 극히 일부분에 국한되서 편향적으로 자원이용을 하고 있습니다. 지구상에 생물 종은 적게는 천만 종에서 많게는 4천만 종까지 있는데, 알려진 생물 종의 약 60%, 잠재 종의 약 85% 정도를 곤충이라고 생각하고 있습니다. 그래서 곤충이라고 하는 생물 종이 생물 자원을 얘기하는 데서 빼놓을 수가 없는 겁니다.

남북이라고 하는 지리적인 것을 떠나 한반도의 생물자원을 보존하기 위해서는 무엇을 해야 할 것이냐. 이 민통선이 북방계와 남방계가 교차하는 지점으로 생물적으로 굉장히 중요한 지점입니다. 이 지역에 대한 본격적인 연구를 제대로 해야 하는데 군사적인 이유로 상당히 제한되어 있습니다. 지정학적 위치와 군사적인 것 때문에 못 하고 있는데 데이터를 반드시 축적해야 합니다. 그렇지 않으면 시뮬레이션을 하는데 굉장히 어렵습니다. 정확한 시뮬레이션을 할 때 자원을 잘 관리할 수 있습니다.

미군뿐만 아니라 16세기의 프랑스군, 나폴레옹 군대도 어느 나라에 가면 그 나라의 자원을 다 수집했습니다. 다윈도 처음부터 진화론의 개념을 가지고 간 것이 아니라 자원을 수집하다 보니까 이론을 만들었거든요. 그런데 우리나라는 그런 것이 없습니다. 학자들이 민통선이나 DMZ에 들어와서 수집하는 건 어렵지만, 군인들은 항시 상주하기 때문에 중대 단위로 한 명 내지 두 명이 기록하고 수집한다면 엄청난 데이터가 쌓일 것이고 그게 엄청나게 도움이 될 것입니다."

10일

8월 12일 토요일 맑음 총 26km 34,338보

7시	금강산역 체험관
8시 30분	양지리
10시	평화전망대
11시 14분	월정리역
13시 30분	통일쌀경작지
14시 30분	두루미평화관

철마는 달리고 싶다, 월정리역
그리고 철책선 너머의 백로와 고라니

　민통선 걷기 10일째, 아침 일찍 6시, 우리는 마을회관에서 아침을 먹고, 애써주신 김희순 부녀회장, 부녀회원들과 함께 기념사진을 찍었습니다. 임성빈 이장님은 벌써 아침 들 일을 마치고 숙소로 돌아와 우리를 지켜봐 주셨고 우리 일행은 출발 준비로 분주했습니다.

　7시 몸풀기 체조에 이어 우리는 다시 걷기 시작합니다. 폭염주의보에도 꿋꿋이 걸었고, 8시 30분 양지리에 도착해 잠시 휴식을 취했습니다. 도로공사 중인 길턱 위에 다행히도 그늘이 졌고 잠시 휴식을 취하는데 딱 안성맞춤이 되었습니다.
　여기까지 오는 동안 철원 철새도래지 관찰소가 있는 곳을 지나며 다음에는 반드시 들러보아야겠다고 생각합니다. 이곳 철원은 그렇게 두루미 볼 수 있는 곳이 많은가 봅니다.

　다시 7km를 걷는 도중 오른쪽 멀리 토교저수지 뚝방이 시원합니다. 시간이 있으면 달려가 낚시하는 분들과도 대화하고 싶은 충동도 생깁니다.
　오전 10시쯤 우리는 동송저수지를 지나 평화전망대에 도착했고 다시 DMZ 너머로 북녘땅을 바라봅니다. 이곳이 6·25 때 가장 치열한 전투가 치러진 곳입니다. 철의 삼각지대, 피의 능선, 백마고지 등 우리에게 익숙한 지명들이 등장합니다.

그러나 오늘도 여전히 DMZ는 고요합니다. 역설적일 만큼 푸른 초원과 맑은 강물은 평화 그 자체입니다. 이 작은 평화, 이 짧은 평화를 위해 우리는 어쩌면 우리가 가진 소중한 모든 것들을 다 걸어야 할지도 모릅니다. 그렇게 작은 평화에 몰두하면 어느 날 큰 평화도 우리에게 성큼 다가오지 않을까 기원해 봅니다.

10시 40분이 좀 지났을까, 중령 000대대장이 직접 마중 나와 우리 일행을 철책길로 안내합니다. 한 1km쯤 걸어서 철문으로 접근했고 거기서 옷을 갈아입은 뒤 다시 1km가 좀 넘는 길을 철책을 따라 걷게 되었습니다.

안타깝게도 저와 정춘숙 의원만이 걷고 나머지 일행은 전차 차단 둑의 바로 아랫길을 걷도록 조치되었습니다. 먼 길 돌아가지 않는 것

도 배려이지만 함께 걷지 못하는 것은 미안할 수밖에 없습니다.

그 길에서 첫째 군의 과학화 과정을 볼 수 있었습니다. 철책선을 따라 과학장비가 배치되었고 한층 더 경비는 강화되어 있었습니다. 어떤 상황이 생기든 7분 이내에 제압이 가능하다고 합니다. 둘째 군의 민주화 과정도 볼 수 있었습니다. 근무 환경은 훨씬 더 개선되었고 경계초소에는 독서대도 설치되어 있는 등 자기계발 능력도 높아졌고 더불어 인권도 신장되어 있었습니다. 셋째 철책선 너머 DMZ 안에서 개천에 서서 흐르는 물을 함께 마시고 있는 백로와 고라니의 풍경은 생명에 대한 새로운 경외심을 일깨웠습니다. 평화로운 저 풍경을 보고 전쟁을 상상한다는 것은 참 힘든 일입니다. 생태와 평화는 정말 하나라는 생각이 확신으로 되었습니다.

이렇듯 1km쯤 철책선을 따라 걸어볼 수 있었던 것은 제게 큰 경험이 되었습니다. 저는 말합니다. 직접 걸어본 것과 걸어보지 않은 것은 달라도 너무 다르다고, 백문이 불여일견이지만 일견은 다시 불여일보라고 말입니다.

11시 15분 일행들이 먼저 철책 문을 통과했고 저와 정춘숙 의원은 11시 30분에 철책 문을 나섰습니다. 정춘숙 의원에게 근무하던 사

병을 좀 안아주고 가라 했더니 장병을 안고나서 울컥합니다. 여성의 전화 활동을 오래 한 맹렬한 여성 운동가였던 그녀에게도 모든 장병이 꼭 자기 아들 같았을 겁니다. 오전 일정 때문에 서둘러 돌아가려 하는 사람을 잡아서 꼭 같이 걷자고 했는데 따뜻한 정 의원의 마음에 애잔한 추억을 남긴 것은 아닌지 약간 미안하기도 했습니다.

우리는 바로 월정리 역에 먼저 도착한 일행과 합류했습니다. 월정리역은 서울과 원산을 잇는 경원선 상의 간이역이었습니다. 분단 후 운행이 중단되었고 군사분계선에서 가장 가까운 기차역이지만 폐쇄된 역으로 '철마는 달리고 싶다'는 표지판이 유명합니다. 객차의 잔해, 폭격으로 부서진 화물열차의 뒷부분 등이 남아있었습니다.

월정리역에서 기념사진을 찍고 우리 일행은 점심을 나눕니다. DMZ 평화문화관 복도에 늘어앉아 먹었던, 정연리 마을에서 준비해

주었던 주먹밥에 오이미역냉국은 정말 꿀맛 같습니다. 왜 이리 주먹밥이 맛있는지, 두 덩이를 게 눈 감추듯 해치웠습니다.

잠시 후 하남의 오수봉 시장이 젊은이들 대여섯 명과 같이 도착했습니다. 올 초에 보궐선거로 당선되셨는데 의리가 굳세고 청렴하며 시정에 아주 밝은 분입니다. 최종윤 친구와의 인연으로 알게 되었는데 저는 오수봉 시장이 한창 커나가는 하남의 꿈을 실천하는데 최종윤 친구와 멋진 파트너라 믿습니다.

최종윤은 둘도 없는 친구입니다. 오늘 제가 있기까지 운동에서나 정치에서나 그의 도움이 컸습니다. 어쩌면 제 아내 못지않게 인생의 큰 빚을 그에게 졌는지도 모르겠습니다. 뒷날 그는 더불어민주당의 하남 지역위원장이 되었습니다. 그가 정치를 하겠다고 했을 때 저는

많은 사람 앞에서, 언제나 묵묵히 남을 위해 헌신한 그를 이제는 우리가 세상에 드러나게 하자고 추천했습니다. 그는 세상을 좋게 만들 숨어있는 은자이기 때문입니다.

12시 30분쯤 다시 길을 나서 5km쯤 걸었을까, 1시 30분경 옛 초소 혹은 검문소 같은 것이 있고 주변에 통일쌀 경작지가 있는 곳에서 잠시 휴식을 취했습니다.

이때 내내 힘들어하던 송윤철 사장이 구토기를 호소했습니다. 상황이 심상치 않아 보여 근처 병원에 가기로 했는데 이를 핑계(?)로 홍성자 비서관까지 탑승해 가버렸습니다. 보건소에서 검진한 결과 심하지는 않지만, 일사병 증상이라고 합니다. 커밍아웃은 제때 해야 합니다. 만약 이때를 놓치고 계속 걸었다면 도로에서 쓰러지며 심각한 상황이 벌어졌을지도 모를 일입니다. 다행히 송윤철 사장은 저녁때부터 다시 기력을 회복했습니다.

다시 뙤약볕 속에서 우리는 걷습니다. 3km쯤 걸어서 2시 10분쯤 오늘의 숙소인 두루미평화관에 도착했지만, 일행은 2km를 더 걷기로 했습니다. 내일 아침에 민통선 초소 앞에서 바로 출발하기 위함입니다.

이 길의 처음에 다음날 출발선까지 미리 걷는 것은 10여 명의 전담임무였는데, 어느새 모두가 함께 걷고 있습니다. 그만큼 많은 사람에게 걷는 것이 익숙해진 덕입니다.

　2시 30분, 마침내 오늘의 목적지에 다 도달했습니다. 숙소로 돌아와서 씻고 휴식을 취합니다. 모처럼 빨래도 하고 볕이 좋을 때 내다 널었습니다. 빨래는 많은데 널 곳이 없어 갑자기 줄을 이어 간이 건조대를 만들었는데 제법 그럴듯합니다. 저 풍경은 꼭 10년 전 산티아고 길을 걸을 때의 추억과 같습니다. 각자의 방에 따로 걸려있던 빨래들도 오늘은 모두 하나가 되었습니다.

　잠시 후 김영호 의원이 먼저 도착해 주었고 기동민 의원이 반갑게 찾아와 주었습니다. 모두 친동생처럼 아끼는 의원들입니다. 고맙기 짝이 없습니다.
　저는 김영호 의원을 통해 중국의 속살을 많이 봅니다. 베이징대에서 유학한 그는 참으로 겸손하지만 우리나라 몇 안 되는 중국 전문가입니다. 중국 내에서 네트워크도 강하지만 지식과 식견도 탁월합니다. 중국을 알고 싶을 때 언제나 김영호 의원에게 묻고 그와 함께 중국을 직접 가보면 더 좋습니다.

기동민 의원과의 인연은 너무 오래되었습니다. 재야 활동을 하던 전민련과 전국연합 시절부터 그 이후 김근태 선배와 함께한 정치권 시절에도 우리는 늘 함께였습니다. 그래서 많은 얘기가 필요 없는 그에게 언젠가 그래도 한마디 하고 싶은 말은 있습니다. 언제나 네 꿈을 응원하고 아낌없이 지지할 거라고….

각자 휴식을 취하는 시간에 친구인 박종학이 찾아왔습니다. 한의사인데 진료소식이 전해지며 한 명, 두 명 찾아오기 시작했습니다. 침을

뇌주기도 했는데, 그간 어떤 진료도 받지 않으시던 김은식 교수님
이 드디어 찾아오셨습니다. 장백건 감사가 치료할 때는 아픈 곳이 없
다 하시던 교수님이 한의사 앞에서는 여기저기 아픈 곳을 말씀하십니
다. 아무래도 야매 치료사는 믿지 못하셨던 것일까요?^^ 그리고 남
을 치료하던 장 감사가 침 한번 맞아 보라니까 도망갑니다. 이래저
래 장백건 감사의 굴욕입니다.

　5시가 좀 지나서 차량을 나누어 탄 우리 일행은 철원노동당사 앞
에 도착했습니다. 예전에 당원들과 다녀갔었는데 훨씬 더 정돈되
어 있습니다. 앞마당에는 넓은 장터가 형성되어 있고, 또 작은 공연
도 기획되어 찾아오는 사람들의 단조로움을 해소해 주고 있었습니
다.
　포탄으로 파괴되고 남아있는 총알 자국은 암정교와 똑같은 느낌
을 주고 안보 관광지로서 손색없는 가치를 자랑합니다. 그러나 저

는 안보관광지라는 이 개념이 싫습니다. 차라리 평화 관광지가 어떨까 싶습니다.

6시쯤 돌아와서 저녁 식사를 마쳤고 인근 마을의 아주머니들을 고용해서 정성껏 준비한 밥상입니다. 어찌 보면 이것도 농촌에서 귀한 일자리를 만든 작은 사례이겠다 싶습니다. 이어서 7시에 진행할 노변정담은 김진해 교수의 남과 북의 말을 하나로 잇기 위한 시간으로 준비했습니다. 말조차 나눠지고 있는 분단을 넘어 말부터 통일할 수 있는 길을 찾아볼 수 있기를 기대합니다.

밤늦게 장백건 감사의 아내와 딸이 도착했습니다. 숙소가 부족한 관계로 여성들은 근처에 있는 두루미평화관 주방 아주머니댁에 나가서 민박을 하게 됐습니다.

휴가철을 맞은 두루미평화관에는 숙박자들이 많았고, 우리 일행들 숙소가 부족할 것이 자명했습니다. 스텝 A군과 B양은 오후 내내 철원읍내 모텔을 뒤지고 있었으나 방 구하기가 하늘의 별 따기였습니다. 가는 날이 장날이라고 토요일을 맞아 군인들의 외출, 외박, 면회 등으로 모텔이란 모텔은 꽉 찬 상태였기 때문입니다. 모텔을 한 쌍(?)으로 돌아다닌 A군과 B양이 받은 오해의 눈초리에도 불구하고, 끝내 방은 구하지 못했습니다. 그러나 오히려 더 쾌적한 민박으로 해결이 되었으니 다행입니다. 가정의 평화와 인권을 고려하여 이니셜로 처리합니다.^^

"오늘 낮, 막상 철책선을 대하고 보니 분단된 현실을 더더욱 직시하게 됩니다. 어떠한 상황에서도 확고한 안보태세를 전제로 8.15까지 이제 사흘 남은 시간 동안 핵과 미사일의 당면한 위기를 풀어헤칠 우리 정부의 담대한 구상이 제안되었으면 좋겠습니다.

우선 전제는 어떠한 상황에서도 전쟁은 안 된다는 점을 분명히 해야 합니다. 미국의 서지컬 스트라이크는 절대 안 됩니다. 북한은 어떠한 핵과 미사일 실험도 즉각 중단해야 합니다. 남측에서도 과도한 말 총 쏘기는 자제해야 합니다.

다음으로 서로 신뢰할 수 있는 군사적 옵션을 제안할 수 있어야 합니다. 문정인 교수님도 언급하셨던데 핵미사일 동결과 한미군사훈련 축소 등을 서로 교환하면 어떨까 싶습니다. 그 연장선에서 교류와 협력의 재개도 동시에 논의합시다.

마지막으로 8.15를 기해 남북의 특사교환을 제안하면 좋겠습니다. 남이 주도적으로 한반도 평화를 위해 북미 관계의 개선을 주선하고, 필요하다면 한반도 평화를 위한 역할을 전담하는 조정관을 선임해서 역할을 하도록 하면 좋겠습니다."

어느새 페이스북에 올리는 제 글이 답답한 한반도의 해법을 찾아 헤매고 있습니다.

'통일은 말부터',
달라진 남과 북의 말 잇기 해법

김진해 교수

"언어를 이렇게 비유하면 좋겠어요. 말은 구름 같은 거야. 하늘을 떠다니고, 시시때때로 모양이 변하고 떨어지기도 하고 오르기도 하고 경계가 없이 넘나들기도 하는 구름 같다. 또는 모래 같다, 잡으려고 해도 손가락 사이로 빠져나가는 모래 같은 거라고 생각해보자. 또 말은 재즈 같은 것이다. 기본 연주법만 알면 서로 눈치 보며 기분 따라서 하는 연주 같은 것이다. 이 셋 중 하나라도 여러분이 기억하시면 좋겠습니다.

남북한 언어가 이질화돼 있다고, 다시 무슨 법을 만들거나 하는 게 아니라 그 사이에 있는 것들을 더 노력해야 합니다. 그럼 그 사이에 있는 게 뭘까요?

식당에서 연변 아주머니들을 대하는 많은 분의 태도를 보시면 좀 전에 말씀드린 쉽볼렛(Shibboleth) 테스트를 하는 겁니다. '저 사람 말투에서 중국 느낌이 나는데…' 싶으면 곧바로 반말하는 거예요. '어이~' 해버리잖아요. 이게 다른 게 아니라, 그 사람을 언어를 통해서, 2등 국민으로 낙인을 찍고 분리하는 거예요.

우리 인간이 조금 더 진보한다, 나아진다고 하는 건, 서로의 존엄성을 더 인정하자는 것인데, 언어적인 면에서 보면 걱정되는 것입니다.

이 정치적인 상황, 이 분단 상황은 우리가 통일을 지향한다고 했을 때 매우 걱정스러운 상황입니다, 앞으로 지속적으로 만나서 '이 말은 너희 말로 뭐라고 해?' 서로 이야기를 나눌 때, 아까 말했던 것처럼 말이란 구름 같구나, 재즈 같네, 서로 뒤엉키는 것이고 바뀌는 것이라는 걸 알 때 통일이 조금 더 진전되지 않을까 생각합니다."

2017년
8월 13일

11일

8월 13일 일요일 맑음 총 28km 40,211보

7시 18분	두루미평화관
9시 20분	열쇠전망대 입구
10시 47분	열쇠전망대
11시 30분	마천교
13시 25분	5사단에서 28사단 교대 초소
15시 20분	필리핀참전비
16시 40분	선곡리 마을회관

화랑고개와 통일의 열쇠,
이철우의 기도

 민통선 걷기 11일째, 뙤약볕 아래서 겪는 지독한 육체적 고통은 모든 의지와 신념조차 뒤로하게 하지만 우리는 통일걷기의 큰 틀 안에서 우리 운명을 스스로 가두며 걷고 있습니다.

 아침 6시 기상과 동시에 식사하고 세면을 한 후 7시가 좀 넘어서 출발한 우리 일행은 민통선 초소에서 잠시 대기하며 수속을 밟았습니다. 매일 있는 민통선 출입 수속이 오늘은 거추장스럽습니다. 깐깐할수록 군기가 확고한 것이지만 익숙할 법한 이 절차가 오늘은 불편합니다.
 그 불편한 기다림을 OOO소령이 한 방에 해소합니다. 오늘의 인솔 장교는 여군 소령이십니다. 금녀의 집 육사의 문이 열리고 두 번째 케이스로 입교해서 국방부에서 복지정책도 다루다 민군협력 장교로 부임했다고 합니다.

 우리 일행은 4km를 걸어 8시 20분경 화랑고개에 도착했습니다. OOO소령은 우리가 생각보다 잘 걷는다고, 걸음걸이가 빠르다며 본부와 연신 교신하며 도착시각을 수정합니다.
 아스팔트를 따라 걷다가 왼쪽으로 들길을 따라 걷다 보면 어느새 언덕길에 도달합니다. 아마 옛날 같으면 군인들이 행군하다가 담배 한 모금 물어봄 직한 길입니다. 아니나 다를까, 붙여진 이름은 화랑고

개입니다.

오전 9시 20분경, 다시 4km를 걸어서 우리 일행은 열쇠전망대 입구에 도착했습니다. 이용갑 부사장의 이전 직장인 마이크로소프트의 후배들 3명이 합류했습니다. 언제나 그렇듯이 이 길을 함께 걷겠다고 찾아오는 사람들은 낯설어도 곧 동류의식이 생깁니다.

예정보다 빠르게 도착한 탓인지 잠시 수속을 서둘러 마친 후에도 휴식 시간은 더 길어집니다. 이윽고 차량에 분승한 우리 일행은 다른 어느 때보다 더 오래 차를 타고 열쇠전망대로 향합니다.

이 정도는 되어야 전방이라 싶을 만큼 꽤 길게 오른 후 전망대에 도착했습니다. 좋은 날씨 덕에 우리는 GOP 전망대에서 탁 트인 전경을 감상할 수 있었습니다.

'통일의 열쇠'가 되겠다는 의미에서 이름 붙여진 열쇠전망대는 남방한계선 바로 앞에 위치해서 DMZ의 모습을 생생하게 확인할 수 있습니다. 내부에는 별도로 전시관을 두어 DMZ의 생태를 소개하는 전

시물을 비롯한 북한의 생활용품과 각종 장비가 전시되어 있었고, 철
책선의 과학화로 국방 경계와 안보태세는 한층 강화되어 있음을 한눈
에도 알아보게 합니다.

열쇠전망대에서 바라본 DMZ 풍광은 진한 여운을 남깁니다. 저 아
름다운 초원을 우리의 젊은이들이 세계의 젊은이들과 함께 걸
을 수 있다면 인류의 평화는, 이상은 또 얼마나 멋지고 아름다울까?

걸으면 걸을수록 민통선의 매력은 깊어집니다. 내년에 더 많은 사
람과 더 멋진 평화의 씨앗을 심으러 다시 오리라 다짐합니다.

30분쯤 시간을 보내고 10시 30분 열쇠전망대에서 돌아온 우리 일

행은 5km를 걸어 마천교 앞에 도착해서 점심을 하기로 했습니다.

이때 000소령과 이제 막 결합한 유은혜 의원이 잠시 앞에서 걸었는데 두 사람 모두 큰 키에 성큼성큼 멋진 걸음이었습니다.

유은혜 의원은 김근태 의장이 가장 아끼던 후배입니다. 저에게도 좋은 누님과 같은 분인데 저는 아직도 2002년, 2007년 김근태 의장이 대선후보 경선에서 사퇴할 때 그녀가 닭똥처럼 흘려내던 눈물을 잊지 못합니다. 이제 김근태의 길은 고스란히 유은혜의 갈 길이 되었습니다. 그녀는 짧은 시간 민통선에서 김근태의 길을 걷고 갔을 겁니다.

11시 30분 마천교 앞에 도착해서 우리 일행은 차량에 나눠타고 오늘 밤 묵을 숙소인 열쇠회관으로 가서 점심을 먹었습니다. 원래 계획은 열쇠회관에서 저녁을 먹으려 했는데, 이철우 전 의원이 저녁은 임진강 매운탕을 먹어야 한다며 강권했고 점심 장소로 다시 바꾸게 된 것입니다.

열쇠회관 마당에 들어서니 반가운 얼굴들이 많이 보입니다. 후배들인 정종곤과 서남권, 남권의 예비신부까지 깜짝 방문한 것입니다. 음료와 간식을 싣고 응원차 왔는데, 이왕 왔으니 15일까지 연휴니까 같이 걷자고 했습니다. 그런데 걷는 것만큼은 끝끝내 고사하며 내려온 김에 근처 맛집 찾아 식사하고 올라간다고 합니다. 마음 씀이 고마운 후배들입니다.

또, 유진현 연천군 지역위원장이 직접 나오셨습니다. 이철우 전 의원과 함께했던 조봉안 군의원은 바로 근처가 집이라며 오늘과 내일 이틀에 걸쳐 우리 일행에게 자상한 길잡이가 되어 주시겠답니다.

12시 30분경 점심을 마치고 4km쯤 걸었을까, 오후 1시 30분 한 시간쯤 4km를 걸어 우리의 안내는 5사단에서 28사단이 맡게 되었습니다. O 소령한테 청해 셀카로 기념사진을 한 장 남기었습니다.

초소 앞에서 다시 들길을 걸어 우리는 오늘의 목적지 선곡리 마을 회관으로 향합니다. 여군 안내 장교에서 남성 안내 장교로 바뀐 탓일까, 일행의 분위기는 다소 무뚝뚝하게 여겨집니다. 그렇지만 냉정하게 보았을 때 큰 차이는 없었을 것입니다. 남녀 차별이 가장 심한 군 안에서 남녀가 평등한 멋진 새 이상이 꿈 트길 기대합니다.

오르막길에서 노년의 부부가 농사일하시다가 인사드리니, 한잔하고 가라십니다. 그래야 걷는 맛이 더 날 거라 하시는데 따뜻한 인심이 느껴집니다. 자기 아들이 판사라고 했는데 자랑으로 보이기보다 삶의 자부심이 묻어 나옵니다.

2시 20분 논둑에서 개울을 만났습니다. 아무도 불평하거나 망설임 없이 양말을 벗고 건넙니다. 길을 그렇게 걷는 거라 받아들입니다. 겸손히 신발을 벗고 양말도 벗고 건넙니다. 신발이 젖을까 양말이 젖을까 염려하기보다 한 번쯤 길 위에서 겸손해지는 겁니다.

계속 걸어서 고개를 돌아갈까 질러갈까 고민하는 지점을 만납니다. 안내 장교의 옵션에 우리는 지름길을 택했습니다. 3~40분 힘들게 걸어 고개를 넘고 우리는 2~3km쯤 30분가량을 단축하고 휴식

을 취했습니다. 그런데 말이지요, 정말 단내가 나게 힘들었습니다. 오늘도 이 어려운 길을 우리가 또 걸어 넘었지 말입니다, 하듯 서로를 보며 씨익 웃습니다.

어젯밤 응원차 왔다가 오늘 하루를 같이 걷고 있는 장백건 감사의 식구들이 고맙습니다. 거의 아무런 준비 없이 걷다가 짧은 시간 혹

독한 지옥훈련을 경험한 것은 아닐지 걱정입니다. 딸 민주는 제 방에서 두 달 동안 입법보조 활동도 했었고, 그래서인지 더욱 대견해 보입니다. 조미 씨는 허리가 안 좋다고 들었는데 미안한 마음에 사진 한 장을 청했습니다.

15분쯤 걸어서 필리핀 참전비에 도착한 3시 20분, 박홍근 의원이 합류하고 인솔 장교는 복귀했습니다. 박홍근 의원은 이 길의 시도가 정말 남달랐을 겁니다. 문익환 목사님께서 돌아가시기 전 마지막 사업은 '통일맞이'였습니다. 저는 그때 박홍근 의원을 상근 활동가로 추천했고 박홍근 의원은 문익환 목사님을 모시고 열정적으로 활동했습니다. 저는 그가 원내수석부대표 일로 바빠서 많이 걷지 못했지만 이 길을 가장 잘 이해하고, 언젠가 책임지고 이 길을 통일의 길로 만들어야 할 사람이라고 믿습니다.

5km 걸어서 4시 30분경, 우리 일행은 선곡리 경로당에 도착했습니다. 오늘 하루의 걷기 일정을 마무리한 것입니다. 곧바로 차에 분승하여 5시 열쇠회관에 도착한 우리 일행은 씻고 난 후 불탄소가든 식당으로 이동했습니다.

다들 매운탕 먹는다고 하더니 웬 고깃집이냐 했다고 합니다. 매운탕 집 상호로는 어울리지 않는다고 했더니 식당 바로 뒤로 흐르는 강이 '불탄소'이며 여기서 직접 잡아 올린 고기로 매운탕을 만든다고 합니다. 정말 끝내주게 맛있었습니다.

김갑수와 윤천원 선배, 조완기 선배가 합류했고 멀리 경남에서 찾아온 변광용 위원장과 김정호도 눈에 띕니다. 김정호는 김근태 의장 시절 부산에서부터 오랫동안 함께 한 친구입니다.

교회 장로님인 이철우 전 의원은 식사 자리에서 기습적으로 기도문을 발표했습니다. 일행은 시 낭송인 줄 알았다가 함께 기도합니다.

8·15를 맞아 민족의 평화를 비는 간절한 기도의 시간이었습니다. 이철우 전 의원 덕분에 맛있는 매운탕으로 저녁을 먹었지만 육의 양식을 넘어 마음의 양식, 영성의 시간도 가질 수 있었습니다. 아쉬운 것은 먹는데 바빠 사진 한 장도 남기지 못한 점입니다.

"역사를 주관하시는 하나님!

우리는 지난 72년 동안 하나 되는 꿈을 꾸었지만, 속마음과 달리 서로 등지고 원수처럼 살아왔습니다. 사랑하는 식구들이 나뉜 채 살아가며, 다른 체제와 이념으로 분단의 담을 높이 쌓았습니다.

주님, 이 민족의 역사에 거룩하신 두 손으로 개입하시길 원합니다. 뜨거운 마음으로 통일을 소망하게 하시고, 서로 협력함으로 희망의 땀을 흘리게 하소서. 해마다 8월을 맞을 때마다 우리로 가슴 찢어 회개하게 하시고, 저마다 가슴 벅찬 소명을 품게 하옵소서.

하루속히 소통의 문이 열리게 하시고, 공동 번영을 위해 어깨동무하게 하시며, 허심탄회하게 남과 북, 북과 남이 만나게 하옵소서.

평화의 임금, 예수 그리스도의 이름으로 기도드립니다."

이렇게 이어진 그의 기도는 우리 모두의 기도가 되었습니다.

돌아오는 길에 유진현 위원장의 소개로 '조선왕가' 카페에 들러 사장님과 인사 나누며 차 한잔 대접받았습니다. 조선왕가는 카페 뒤편의 한옥호텔이 유명한데, 서울 명륜동에 위치했던 왕실가의 전통한옥인 염근당을 현재의 위치로 그대로 이건했다고 합니다. 그동안 왕족과 특권층만을 위한 공간에서 모든 사람이 우리의 역사 문화를 체험할 수 있는 명소로 거듭나고 있다고 합니다.

숙소로 돌아와 8시부터 정구민 교수와 곽노준 교수의 4차 산업혁명과 인공지능 시대에 관하여 노변정담을 진행했습니다. 설훈 의원님이 오셔서 막 뭐라 질문하셨는데 원래 설훈 선배님의 말투나 스타일을 이해하지 못한 두 교수는 혼나는 줄 알고, 추궁당하는 줄 알고 당황하는 기색도 역력합니다. 마치 국정감사장 같은 풍경에 우리 모두

도 당황했으니까요.^^

정구민 교수와 곽노준 교수는 고등학교 후배이기도 합니다. 충주 출신들이 매월 마지막 주 금요일 아침에 국회에서 조찬모임을 하는데 함께 참여해서 강의도 한 바 있습니다. 윤기훈과 서강대의 송준호 교수가 같이 왔는데 모두 고맙고 반갑습니다.

충주 얘기를 한 김에 친구 김진영과 함께 온 황남연 선배도 반갑기 그지없습니다. 구로구에 같이 살고 계시는데 선거 때마다 보이지 않는 곳에서 묵묵히 도와주곤 하셨습니다. 지역주민의 숙원인 한일시멘트가 나가면서 그곳에 일하던 황 선배 본인은 정작 일자리를 잃었습니다. 또다시 마음이 짠합니다.

설훈 선배는 흔히 동교동의 막내로 알려진 분입니다. 저는 설훈 선배를 뵈면 DJ가 통일 역사를 위해 안배해 놓은 분이란 생각을 늘 하곤 합니다. 경험과 직관도 뛰어나지만, 가슴이 참 뜨거운 분이라 생각합니다. 통일은 뜨거운 열정으로 내달리고 분단은 확고한 신념으로 뛰어넘는 거라 생각했는데, 설훈 선배님의 언행이 꼭 그러하다 생각합니다.

오늘 밤은 설훈 선배님을 모시고, 또 한 분의 큰 형님을 모시고 잠을 청합니다. 경기도에서 맞이하는 첫날 밤은 깊었습니다.

4차 산업혁명과 인공 지능 시대

정구민, 곽노준 교수

"4차 산업혁명의 긍정적인 변화를 보면 생활이 편리해집니다. 생산 공정혁신이 일어나면서 엄청나게 많은 생산이 일어나고 풍요로운 삶을 누릴 수 있습니다. 누구나 생명 연장과 건강한 삶을 가져갈 수 있고 물질적인 풍요는 르네상스 시대처럼 멋진 문화의 발달로 갈 수 있습니다.

다만, 4차 산업혁명의 변화가 앞으로 긍정적인 효과를 일으키려면, 다보스포럼에서도 나온 얘기지만, 민주주의 이야기를 많이 합니다. 예로, 인도의 여고생들에게 스마트폰을 나눠줬더니 여고생들의 인권이 신장됐다는 겁니다. 전반적인 4차 산업혁명이 가져오는 변화에서 부의 분배를 어떻게 가져갈 것인가, 정보의 비대칭성을 어떻게 해결할 것인가, 민주주의에 대한 이야기가 계속 나옵니다.

부의 분배나 정보의 평등성, 민주주의가 안되면 부의 독점이나 통제 사회가 올 수 있습니다. 그런데, 부의 독점에서 생각해봐야 할 부분들은, 단순히 한 나라에서의 부의 독점이 아니고, 전 세계에서의 부의 독점을 어떻게 막고 서로서로 잘 살 수 있는 사회를 만들 수 있을 것인가 하는 것들입니다. 그래서 전반적으로 기술의 발전을 막아도 안 되겠지만, 기술이 발전하는 것을 모든 사람이 감시할 필요가 있다는 것입니다."

12일

8월 14일 월요일 흐림 총 26km 35,771보

7시	선곡리 마을회관
8시	북삼교 앞 초소
8시 55분	강서리 개천
10시 30분	석장리 내 축사
11시 30분	백학면사무소
15시	경순왕릉

다시 사람들이 다니는 길,
통일꾼들이 모이는 민통선

민통선 걷기 12일째, 아침 6시 기상과 동시에 식사를 마친 우리 일행은 숙소인 열쇠회관을 떠나 선곡리 경로당 앞에 7시가 조금 못 되어 다시 모였습니다. 날씨는 몸서리치게(?) 아주(?) 좋았습니다. 역설적인 이 표현은 따가운 햇볕 속에서 걸어가며 몸에 밴 얘기이기도 합니다.

여느 때와 마찬가지로 몸풀기 체조를 시작하면서, '아, 이것도 오늘이 마지막이겠구나' 싶었습니다. 내일이면 끝이란 생각과 마침내 끝이 보이기 시작했다는 생각 때문입니다.

이른 아침 오랜 이웃인 노희숙 씨와 예전에 의원실 비서를 지낸 양명희 씨가 합류했습니다. 노희숙 씨의 남편 이태훈은 초중고 친구의 동생이기도 한데, 아침 일찍 먼 길을 달려서 태워다 주고 출근했답

니다. 세상에 통일을 위해 철없는(?) 행동을 불사하는 아내들도 많지만, 그 아내들을 위해 뒷받침해주는 통일을 향한 속없는(?) 남편들도 많은 모양입니다. 그렇게 많긴 하니 '그래도 통일에 희망이 있구나' 싶었습니다.

7시경 출발한 우리 일행의 마지막 선두는 장백건 감사였습니다. 새로 합류한 사람들이, 좀 더 적나라하게 표현하면 뭘 모르는 사람들이 앞에 서서 과속하면 여러 사람이 덩달아 빨라지게 됩니다. 그런데 정작 본인은 오후가 되면 퍼져서 뒤에 처지거나 낙오하게 되는지라 안정된 속도 감각을 잘 유지하라고 신신당부했습니다.

출발하고 10분은 대략 시속 3km쯤으로, 그 뒤의 20분은 대략 4km쯤으로 그 후부터는 4.5km에서 5km까지 걸어도 괜찮다는 게 우리들의 공통된 경험이었습니다. 대개 오전의 후반부나 오후에 점심 먹고 한 시간 정도 지나면 종종 평균 5km의 속도를 내곤 했습니다.

한 시간쯤 걸어 오른쪽으로 군남댐을 바라보며 북삼교를 지나 막간의 오르막길이 시작되었습니다. 10분 남짓 조금 오르니 민통선 초소가 있고 여기서부터 우리를 담당할 새로운 안내 장교가 기다립니다.

여기가 북삼교 초소입니다. 어젯밤에 합류하신 설훈 의원님은 이곳까지 4km 약간 못 되는 거리를 걸으시고 일행과 작별 인사를 한 뒤 지역구인 부천으로 되돌아가셨습니다. 길을 걷다가 칡꽃 향을 맡으시는 선배님의 모습이 의외의 표정입니다. 본래 내면의 한 모습일지 꽃이 가진 위력일지 또 하나 생각할 거리가 늘었습니다.

8시, 다시 걷기는 이어졌습니다. 기다리고 있던 무뚝뚝한 안내 장교 덕에 우리의 말소리는 적어졌습니다. 그렇지만 이 먼 길을 걸어온 각자의 마음에 의미를 새기고 내일을 기약하여 걸음을 정리하는 일들이 시작되고 있음을 저는 느낍니다.

사실 언덕을 돌아내려 걷는 이 길은 아름다운 길입니다. 농작물도 있고 마을마다 꽃도 심어져 있습니다. 동중리 마을은 집집마다 제법 꽃도 심어 놓고 풍경이 그런대로 아름답습니다. 왕규식 의원님은 조용히 축산마을까지 계속 걸어주신다며 안내해 주십니다.

거제에서 온 변광용 위원장과 함께 30여 분 가까이 걷게 되었습니다. 형 동생 하며 술잔은 자주 기울였지만 정작 인생을 건 이야기들은 짧았었는데 오늘은 모처럼 제법 진지한 얘기도 나누게 됩니다. 조선산업 구조조정과 거제도 경기의 문제도 들었고 무엇보다 거제의 정치지형이 궁금했습니다. 지난 총선에서 아까워도 너무 아깝게 불과 700여 표 차이로 낙선의 고배를 마셨기 때문입니다. 저는 그의 재

도전이 성공하기를 정말 진심으로 응원합니다.

9시경 강서리 개천에서 잠시 쉬게 되었습니다. 이호대 의원이 발병이 났는지 화천군 조봉안 의원의 차를 몰고 대신 조봉안 의원이 걷기에 합류합니다. 좁은 농로 길을 그래도 잘 운전하고 있습니다.

약 5km쯤 걸었을까요? 석장리 마을을 지나는데 온통 축사가 많습니다. 10시 30분경, 마을이 끝나가는 곳에 자리를 잡고 잠시 휴식을 취하는데 서울시 의원들이 합류합니다. 조규영 부의장을 비롯해 김인제, 김미경, 이순자, 김창원 의원들입니다.

조금은 평탄한 길 덕에 우리는 4km쯤을 더 걸어 11시 30분 백학면 사무소 앞에 다다랐습니다. 조금 차를 타고 이동하면 백학가든이고 우리는 거기서 점심을 먹기로 했습니다. 조금 일찍 도착했는데 12시가 되어야 점심이 준비된다고 기다리랍니다. 현창하 보좌관을 비롯해 인재근 의원실에서도 합류했고 김한정 의원님과 그 일행들도 합류했습니다.

　김한정 의원님은 김대중 대통령의 부속실장 출신으로 누구보다 DJ
의 민주주의와 평화통일의 확고한 신념을 잘 체화한 분입니다. 저
는 그가 단지 의리만이 아닌 가장 진심으로 이 길을 걷고자 한 사람이
란 걸 잘 압니다.

　점심은 아주 맛있었습니다. 두부찌개를 기대했는데 동태찌개의 역

습입니다. 다시 백학면사무소 앞으로 돌아와 출발 준비를 하는데 도
시락을 먹고 있는 대학생들의 모습이 눈에 들어옵니다. 자유총연맹
에서 추진한 프로그램에 참여한 학생들인데 우리와 비슷한 길을 걸었
답니다. 다만 버스도 타고 걷기도 하면서 우리보다는 덜 걷고 덜 고생
한 듯합니다.

　오후 1시경, 우리는 다시 걷습니다. 3~4km쯤 걸어 고개를 넘으
니 자작리 마을이 보이고 2시 20분경 도합 6km쯤 걸었을 때 삼거
리 앞 삼립슈퍼에서 우리는 휴식을 하기로 했습니다. 버스 정류장 앞

에서 벌어진 발 물집 치료 향연을 바라보면서 슈퍼에서는 아이스크림을 사서 먹었습니다. 슈퍼 사장님은 웬 횡재냐 하시는 듯 시종 벙글벙글하십니다. 군포에서 온 조완기 선배는 그사이를 못 참고 슈퍼 안의 한쪽에서 막걸리 한 통을 동료와 나누어 마십니다.

김은식 교수님은 삼거리슈퍼 앞의 달콤한 휴식도 마다하고 경순왕릉으로 계속 걸어가십니다. 경순왕은 신라 마지막 왕으로 안동김씨의 시조라고 하는데, 알고 보니 김 교수님이 안동김씨였고, 시조님께 인사드리러 가신 겁니다.

그런데, 신라 왕의 무덤이 경주가 아닌 왜 이곳 연천에 있을까? 알고 보니, 왕위를 스스로 물러난 경순왕은 태조 왕건의 딸 낙랑공주와 결혼하여 여러 자녀를 두며 왕위를 물러나고 43년 후에 세상을 떠나게 됩니다. 비보를 접한 신라의 후예들이 경주에 장례를 모시고자 했으나 고려 조정에서는 '왕의 구(柩)는 백리 밖으로 나갈 수 없다'

고 하여 연천에 묻히게 된 것이랍니다. 고려의 도성은 개성이었기 때
문에 개성에서 연천까지는 90리, 불과 30㎞ 남짓 되는 거리입니다.

　다시 5km를 걸어야 초소에 도착하는데 3km 남짓 걸었고, 우리
는 경순왕릉 앞에 도착했습니다. 4시가 지나면 태풍전망대 관람이 어
렵다 해서 일정을 서둘러 진행했지만 3시가 좀 지나서 초소까지 도착
하지 못한 채 마무리하게 되었습니다.

　이곳부터 태풍전망대까지는 거의 40분이 걸리는지라 서두를 수밖
에 없었습니다. 다행히 그리 늦지 않았고 통제초소에서 절차를 거
쳐 태풍전망대도 다녀올 수 있었습니다.

4시가 조금 지나 비가 오고 있는 전망대는 기상의 변화가 급격했습니다. 전망대에 들어설 때만 해도 이상하리만큼 투명한 시야가 확보되었었는데 군이 설명을 마칠 때쯤은 전방의 풍광은 온통 뿌옇게 돌변했습니다.

전망대 투명창 너머로 DMZ 안의 임진강을 볼 수 있었습니다. 한국전쟁 당시 격전지로 유명한 베티고지와 노리고지가 있는데, 노리고지는 전쟁 당시 엄청난 양의 탄약이 쏟아져 산의 높이가 5m나 낮아졌고, 거기서 흘러내린 토사가 둥근 보름달 같던 용소를 메워 지금의 반달 연못이 되었다는 설명도 들었습니다.

4시 50분경 되돌아 숙소를 향한 일행은 5시 30분경 우리들의 마지막 숙소인 한반도 통일미래센터에 도착했습니다. 숙소 식당에 가니 왕년의 용사들께서 우리 일행을 기다리고 계셨습니다. 인재근 의원님, 최규성, 장영달, 유선호 전 의원님, 홍미영 부평구청장님, 양경숙 선배님, 김재승 선배님 등이 응원하기 위해 궂은 날씨에도 달려오신 겁니다.

비는 더 굵어지기 시작하고 내일의 기상에 대한 걱정 반, 다 끝났다는 성취감 반으로 맛있는 저녁 식사를 나눕니다. 김영선 당 환경전문위원은 자신의 약속을 지키기 위해 20인분이 넘는 떡갈비와 냉선지국을 싸들고 식당으로 달려와 우리 저녁 식단의 질을 한껏 높여 주었습니다. 뭐라 표현하기 어려운 냉선지국은 일품이었습니다. 그 마음 씀씀이가 고맙기 짝이 없습니다.

처음 이틀을 김영선 위원 부부가 같이 와서 걸었는데 오늘은 혼자 왔습니다. 장모님이 편찮으셔서 아내는 병간을 하고 혼자 왔답니

다. 늦결혼한 두 부부의 삶을 동생 보듯이 응원하고 있습니다.

　저녁 식사를 마친 후 씻고 7시 30분부터 속속 회의장에 모였습니다. 노변정담을 시작하기 전 네이처링의 브리핑이 있었고 마지막 노변정담은 날마다 작은 통일이 일어나는 기적의 공간, 김진향 박사의 개성공단 이야기로 마무리합니다.

　네이처링의 강홍구 대표와 이꽃리 실장은 그 짧은 시간 아마추어들의 사진 기록을 꽤나 학문적 가치로 바꾸어 우리들의 기록을 소중하게, 풍부하게 만들어 주었습니다. 그들은 식생 탐사에 시간을 많이 쓰느라 늘 일행의 후미에서 10분 이상 늦게 도착하곤 했습니다. 그러면 일행은 출발할 시간이라 쉴 틈도 없었답니다.

　한편 제 머릿속에는 꽤 많은 곳에서 보았던 단풍잎돼지풀에 대한 생각이 떠나지 않습니다. 황소개구리, 블루길, 베스 등이 우리의 먹이

사슴 구조를 파괴했던 것처럼 미국에서 들어온 단풍잎돼지풀은 때로는 하천을 덮고 때로는 길섶을 덮으면서 또 다른 생태계를 교란하고 있었기 때문입니다. 생태의 지도를 만드는 일이 끝나고 어느 때쯤 생태의 자주성에 대해 생각해 볼 대목일 것 같습니다.

김진향 박사는 박근혜 정권의 개성공단 중단에 대해 너무나 속상한 사람입니다. 2002년 노사모 활동을 했던 그와 만나 그저 오가며 만나서 쌓은 인연인데 기꺼이 노변정담의 이야기 손님이 되어주니 고마울 뿐입니다. 그런데 더 고맙고 기쁜 것은 그와 저의 생각이 전혀 다르지 않다는 것입니다. 우리가 모두 그렇듯 하루속히 개성공단의 가동이 재개되기를 강력히 희망했습니다.

노변정담 후 마지막 밤을 보냅니다. 처음부터 걸었든지 오늘 결합했든지 상관없이, 얼마를 걸었는지에 상관없이 모두에게는 마지막 밤, 그냥 잠자리에 들기 힘들고 아쉬운 밤입니다. 방별로 사람들이 모이고 섞입니다.

11시쯤 스텝들 방으로 몰래 숨겨두었던 술 한 병을 들고 찾아갔습니다. 제가 제일 좋아하는 꽤 좋은 술입니다. 그간 쌓였던 회포도 풀면서 에피소드를 나누고 사람들 뒷얘기(?)도 하면서 시원섭섭함을 달랬습니다. 어김없이 15일 새벽으로 시곗바늘은 넘어갑니다. 민통선 걷기 마지막 날, 광복절입니다.

'여기는 매일 통일을 만드는 곳', 개성공단 이야기

김진향 박사

"가장 크게는 매일매일 작은 평화와 통일의 사례들이 발현, 축적되는 곳이다, 꿈같은 곳이더라, '개성공단을 보면 통일이 보인다'고 얘기를 합니다. 70년 분단체제 속에서 서로 몰랐기 때문에 오해했던 것들이 같이 생활해보니까 서로를 알게 되고 생활양식을, 가치 규범을, 진선미 기준을, 민족사회에 대한 인식을, 문화와 관습을 서로 자연스럽게 알게 됨으로써 그 오해들이 시나브로 이해가 되더라는 것이죠. 같이 생활해보니까 우리가 고개를 끄덕일 수 없는, 다른 그 차이에 대해서 도무지 이해할 수 없는 발언들이 별로 없다는 것입니다. 그래서 오해가 이해가 되는 과정들은 시간이 지나면 지날수록 개성공단에서 너무 많이 발현됐습니다.

마지막으로 말씀드리고 싶은 것

은 국정농단의 과정에서 전격적으로 전면 중단이 됐는데, 그 과정에 대한 것들은 사실 규명을 못 하겠지만, 어떻게든 재개하고 정상화돼야 합니다. 저는 안보적 가치, 평화적인 통일의 가치도 정말 중요하지만, 저성장 늪에 빠진 대한민국의 경제가 유일한 돌파구가 있다면 평화경제, 남북의 상호 평화경제에 있다고 봅니다. 개성공단 14년간 그것을 실증적으로 체험을 했습니다. 전에 들어갔던 기업들은 아주 영세한, 30년 전부터 대한민국에서 하지 않는 업종들이 들어왔었습니다. 그런데 적정기술을 담보하고 있는 대한민국의 중견기업들이 북측과 만나게 되면 정말 상상할 수 없는 일이 벌어질 것입니다. 그래서 현재의 분단, 적대, 대립을 넘어서 평화 기조로 갈 수 있도록 힘을 모아주시면 고맙겠습니다."

13일

8월 15일 화요일 비 총26.3km 34,000보

7시 40분	경순왕릉
9시 59분	하포리(25사단에서 1사단 교대)
11시 08분	전진교
11시 27분	율곡습지
13시 38분	통일대교
14시	임진각

임진강이여,
통일의 강이여

I

　민통선 걷기 마지막 날의 새벽 아침은 종일 장대비를 예고하듯 몹시 비가 왔습니다. 새벽 6시 기상, 세면, 아침을 일찍 먹고 6시 30분 출발하려던 일정은 비로 인해 30분 이상 지연되었습니다.

　출발을 약간 늦추고 조금이라도 비가 누그러지길 기대했지만, 빗줄기는 점점 굵어집니다. 처음부터 걷던 사람들은 이미 장대비 속에서도 말고개를 한 차례 넘었던지라 주저함이 있을 수 없습니다.

　그러나 어제 오후에 또 저녁에 합류한 사람들은 걱정이 적지 않아 보였습니다. 설마 이 비에 그냥 걷자고 할까, 이런 의심도 있었겠지만 마침내 결단을 하고 저는 출발 선언을 전달했습니다.

　7시, 신속하게 모두가 모여 숙소인 한반도통일미래센터의 입구에

서 기념촬영을 하고 경순왕릉을 향해 차량에 분산 탑승했습니다. 차량은 40여 분에 걸쳐 빗속을 뚫고 길을 열었고, 일행들은 경순왕릉 앞으로 마침내 모여들게 되었습니다. 김종욱 서울시 정무부시장도 눈에 띕니다.

8시 조금 못되어 마지막 통일걷기를 시작했습니다. 각자가 준비한 우비를 단단히 챙겨 입고 미처 준비하지 못한 일행들에게 일회용 비닐 우비가 제공되었습니다.

관할지역 연대장과 대대장과 민군협력 장교가 일찌감치 기다렸다가 주의사항을 전달해 주었습니다. 늘 같은 내용의 주의사항을 들었지만 빗길이라 더욱 긴장할 수밖에 없습니다.

　지뢰밭 조심하고 뱀과 독충, 독초 조심하고, 군사시설 사진 촬영 피하고 차 조심하고 등등, 마지막 날의 주의사항이라서일까, 이제 잔소리가 아니라 친근한 조력자의 자상한 안내처럼 들리기도 했습니다.

　비가 오면 걷는 일에 성가신 것들이 참 많습니다. 그러나 반대로 뙤약볕의 아스팔트에 비해 그 장대비 속의 걸음들조차 때로는 축복이란 걸 우리는 알기도 합니다. 피할 수 없으면 즐기라는 말이 있지만, 이날은 이미 우리에게 비는 중요하지 않았습니다.

　이미 60대 후반에 들어서신 100kg이 넘는 최규성 선배님도, 오전 약속을 미루고 참여하신 장영달 선배님도, 그리고 김근태 의장의 상근 부인(^^)이신 인재근 의원님도 최소한 두 시간 이상 10km는 걸으시겠다며 나서 주셨습니다.

　특별히 인재근 의원님은 제 후원회장이십니다. 물질보다는 정신으로, 살아있는 김근태의 비밀병기로 언제나 우리 모두의 '형수님'입니

다. 누구도 내보내지 않고 찾아드는 모두를 넉넉한 웃음으로 다 품어주는 큰 형수님입니다.

민통선 초소를 지나 한 시간이 좀 안 되어 미군 시설(포 사격장) 앞이라는 곳에서 서서 휴식을 할 때 선배님들도 도착하셨는데, 오래 걷기는 힘들어 보이십니다. 이미 걸음걸이가 빨라진 선두를 따라잡기가 쉽지 않은 탓도 있지만, 빗속에 걷는 것이 그리 쉬운 일은 아닌 듯싶습니다. 편하게 무리하지 마시고 중간에 멈추셔도 된다고 말씀드리고 다시 걸음을 재촉합니다.

오전 9시 59분 9.4km를 걸어서 도착한 갈림길에는 1사단의 연대장 000대령이 빗속에도 나와서 일행을 맞아 주었습니다. 이제 25사단에서 1사단으로 인솔 책임이 바뀌었습니다.

여기서 선배님들은 서울로 돌아나가시고 우리는 계속 go 합니다. 금방 도착할 줄 알았던 율곡 습지는 다시 7km쯤 남았답니다. 익

숙한 거리 오차가 되었지만, 빗속의 거리라 야속한 마음도 듭니다.

오전 11시 8분 전진교를 건넌 우리 일행에게는 빗속에 걸려 있는 플래카드가 눈에 들어옵니다. '민주당 의원, DMZ 평화 순례길 방문을 환영합니다' 란 플래카드 문구는 용기와 응원이 되었습니다.

민통선 초소를 마지막으로 벗어나 이제부터는 강변을 따라 걷습니다. 바로 옆에 큰 아스팔트 도로와 별도로 난 길은 날씨가 좋으면 걷기 좋을 길이었겠습니다. 조금 더 가면 아마도 통일로 이르겠지요.

6km를 다 걸어 11시 27분 율곡 습지 입니다. 정말 양동이로 물을 퍼붓는 듯한 장대비를 뚫고 우리 일행을 기다린 고대 84학번 동기들을 만났습니다.

정창우 친구는 평상시에 늘 걷습니다. 3년 전 해파랑길을 구간 구간 걸으며 완주할 때 고성까지 저도 찾아간 적이 있습니다. 산티아고 길의 마지막에서 누군가 나를 기다려주면 좋겠다고 생각한 적이 있었기 때문입니다. 자기도 그 맘이 생각나 친구들을 몰고 왔답니다.

　큰 도로 밑의 굴다리에서 잠시 휴식 겸 합류한 일행들에게 간단한 주의사항이 전달되었고 곧바로 걷기가 다시 시작되었습니다.

　이 길의 마지막 코스일 텐데 임진강 변을 따라 4~500m쯤 가서 철망 안으로 철책선 길을 걷게 되었습니다. 미리 신고해서 접수하면 누구나 걸을 수 있게 되었다는데 강을 따라 4km쯤 오르내림과 길 바로 옆의 다양한 식생을 마주 대하는 것은 새로운 감동을 심어 줍니다. 군데군데 마련된 전망대 겸 휴식터에서 멀리 강 건너를 바라보는 것도 꽤 괜찮은 구경거리의 하나였습니다.

　1시 40분경 임진각을 앞두고 마지막 1.5km 앞, 우리는 통일대

교 밑에서 다시 마지막 정렬을 합니다. 그동안 꾸준히 걸어온 사람들이 앞장서고 오늘 합류한 사람들이 뒤에 서기로 했습니다. 끝마무리는 시작한 사람들이 하기로 당연한 양해가 있었습니다.

비록 비가 왔지만 그리고 지치기도 했지만, 마지막 걸음은 힘찹니다. 우리 일행은 오후 2시경 마침내 임진각에 도착했습니다. 저는 우리 일행을 대표해 페이스북을 통해 도착 일보를 타전했습니다.

"민통선 걷기 13일째, 오늘 비가 왔지만 26km를 걷고 마침내 오후 2시 임진각에 도착했습니다. 처음 248km의 예상과 달리 총 337km의 거리를 걸어냈습니다.

이제 점심 식사 후 도라산 전망대와 개성공단을 드나들던 남북출입사무소를 들렀다가 임진각에서 해단식을 하겠습니다.

그동안 응원하고 격려해 주신 분께 우선 소식 전하고 감사의 말

쓰드립니다. 덕분에 큰 사고 없이 왕 물집 잡힌 사람이 몇 있는 정도에서 잘 걸어낼 수 있었습니다. 고맙습니다."

임진각의 입구에는 비가 옴에도 불구하고 구로를 비롯해 소식을 듣고 달려온 200여 명이 넘는 일행이 늘어서서 우리 일행의 도착을 박수와 환호로 맞이해 주셨습니다. 전대협 1기 활동을 함께 한 이상열, 변선희 동지가 보이고, 특별히 변선희 동지는 노원의 '이야기발전소' 회원들과도 함께 왔습니다. 그 자리에서 '도라산의 전설'을 새 작품으로 기획하기로 합의했답니다.

'마침내 다 왔구나, 해냈구나', 가슴속에서 뿌듯한 자부심이 가득 차

올라왔습니다.

오후 2시 10분 그룹별로 나누어 기념사진을 찍은 후 곧바로 우리 일행은 민통선 안의 장단콩 마을로 함께 가서 점심을 먹었습니다.

마지막 점심을 민통선 안에서 하기 위함이었습니다. 이미 많은 관광객이 찾아오기 시작했지만 그래도 쌀 한 줌 보태는 정성의 마음과 같습니다. 정말 오랜만에 지역구 주민들도 뵈었고 고대 입학 동기들을 만나서 꿀맛 같은 식사를 할 수 있었습니다.

오후 3시 20분, 식사를 마친 다시 우리들은 도라산 전망대로 몸을 옮겼습니다. 우리들의 마지막은 비가 와도 전망대 너머로 북녘땅을 다시 보는 것이었습니다. 일종의 의식과 같은 것이었습니다. 마치 산티아고 길을 걷고 그 길의 마지막 미련을 달래려고 피니스테라까지 걷는 사람들의 마음과 같았습니다.

예상대로 시야는 짙은 안개와 비구름에 어두워져 투명한 시야를 확보할 수 없었지만, 우리의 마음은 그 어느 때보다 맑은 통일의 염원이 자리 잡고 있었습니다. 우리의 마음속에는 이미 통일의 해가 뜨고 평화의 싹이 자라나고 있었습니다.

군은 우리 일행에게 브리핑을 했고, 우리 일행은 준비한 빵과 우유를 박스에 담아 1사단장과 해당 중대장에게 전달했습니다. 2백여 명의 사람들에게는 그렇게 안보와 평화가 자연스럽게 하나가 되고 있었습니다.

우리 일행의 대부분은 다시 임진각으로 움직였고, 오후 4시 30분경 대표단 일행은 남북출입사무소로 몸을 움직였습니다. 대부분은 임진각으로 가서 해단식을 준비하고, 대표단 일행이 출입관리소로 따로 가서 현황을 브리핑받게 된 것입니다.

　남북 관계가 개선되어 하루빨리 개성공단의 문이 열리고 공단가동이 재개되기를 희망했습니다. 누구의 표현대로 날마다 작은 통일이 일어나는 기적의 공간을 왜 우리는 스스로 닫아 버린 것인지, 왜 우리 스스로 겨레의 숨통을 막아버린 것인지, 못내 아쉬움만을 뒤로한 채 일행이 기다리는 임진각으로 돌아와 해단식을 했습니다.

　오후 5시 평화누리의 종 앞에서 진행하려던 해단식은 비가 오는 관계로 장소를 급히 변경하여 DMZ 생태관광지원센터 강당에서 진행하게 됐습니다. 인재근 의원은 최규성 장영달 선배님과 먼저 돌아나가셨지만, 해단식 자리에는 참 많은 의원이 와 주셨습니다. 이 행사를 함께 준비하신 김병기 의원이 다시 와 주셨고 우원식 원내대표, 윤후덕 의원, 서영교 의원, 박정 의원이 오셨고, 어제부터 계속 걸어주신 김한정 의원이 끝까지 함께 해 주셨습니다. 모두가 돌아가면서 한

마디씩 했고, 2017년 통일걷기를 격려하고 마무리 의미를 부여해주셨습니다.

온종일 비 맞고 함께 걸었던 박완주 의원은 지역구인 천안으로 돌아갈 길이 멀어 인사말만 남기고 먼저 길을 떠났습니다. 얼마 전 제대한 아들과 함께 온 박 의원이 참 고맙고 부럽습니다. 아들 군에 간다고 김민기, 김승남 의원과 같이 한밤중에 동석시켜 술잔을 나눈 게 엊그제 같은데 벌써 건강하게 제대했습니다. 누가 부자 사이 아니랄까 걷는 모습까지 똑같습니다.

참 반가운 얼굴은 그래도 제 아들이었습니다. 병간호를 위해 독일에서 보름 일정으로 들어와 있었는데 아내의 병간호를 하다 마중 온다고 와 있습니다. 인사말을 하던 중 무척 아팠던 아내를 위해 기도하면서 걸었다고 할 때 아들의 눈과 마주쳤는데 마음속에서 뜨거운 그 무엇이 끓어오름을 멈출 수 없었습니다.

　시간을 마치고 많은 사람이 돌아간 이후 처음부터 끝까지 함께 했
던 스무 명의 우리 일행은 따로 기념촬영을 했습니다.
　많은 말을 나누지 않았지만 우리 마음은 이미 서로를 격려하고 위
로하고 있었습니다.

　수고했다고, 내년에 다시 보자고….

Ⅱ

"처음에 이 길을 걸을 때, 세 가지의 의미를 가지고 걸었습니다. 첫 번째는 통일행동이다, 두 번째는 평화행동이다, 세 번째는 생명운동이다 생각했습니다. 다시 뒤집어서 얘기하면 운동보다 더 강한 의미로 통일행동이고 평화 행동이고 생명행동이다는 의미를 부여했습니다.

통일이 멀어지고 있는데 앉아서 마치 감 익을 때까지 기다릴 수 없었습니다. 그리고 어떤 의미에서든 우리가 걷는 만큼 통일로 가까이 갈 수 있겠다고 생각하면서, 아주 작은 시작이지만 이렇게 통일 운동을 해야 한다 생각을 했습니다.

핵과 미사일의 위기가 높아지고 있는 상황에서 북은 핵을 실험하고 미사일을 쏴도 우리는 평화를 쏴야 한다는 생각을 하면서 걷고자 했습니다. 전쟁의 한복판에서 폭탄이 떨어져도 그 속에서 평화를 외치는 세력만이 정의롭고 끝내는 승리한다고 생각합니다. 거기서 우리의 역사적 정당성, 도덕성이 확고하게 우위를 점하게 될 것이고, 그런 과정에서 가장 강력한 국민의 힘으로 더 강하고 더 튼튼한 국방과 안보의 힘이 만들어진다 생각하면서 걸었습니다.

또 마지막으로 어느덧 세계의 생태 보고가 되고 있는 DMZ를 보면서 사람과 자연과 동물이 하나가 되는, 모든 생명이 하나가 되는 새로운 생명의 길을 구상하고, 또 걸어보고 싶었습니다.

저는 정말 이 길을 잘 걸었다 이렇게 생각합니다. DMZ를 갈 수 없어서 민통선을 걸었지만, 민통선 안에서 우리는 통일의 씨앗을 심을 수 있었다고 생각합니다. 우리가 가급적 빠트리지 않고 찾아갔던 수많은 전망대, 그곳에서 보이는 DMZ, 그곳에 우리의 마음을 놓고 그곳에다 통일의 씨앗을 심었다 생각합니다.

그 통일의 씨는 반드시 싹을 틔우고, 또 꽃을 피우고, 열매를 맺을 거라고 생각합니다. 그리고 우리가 심어놨던 그 작은 나무들이 무성하게 큰 아름드리나무로 커서 반드시 통일정세는 바뀔 거라고 생각합니다. 그 길을 함께한 우리 친구들, 동료들 너무 고맙습니다.

평화를 생각하는 우리의 마음이 정말 간절한가 생각을 많이 했습니다. 북의 핵과 미사일 실험이 반복되고 있을 때, 우리가 조금은 타성화되고 관성화되어 받아들이고 있는 건 아닌지, 최근에 반성을 많이 했습니다. 그런데 이 길을 떠나기 직전에 북의 핵미사일 국면이 한 7, 8년 정도 남은 건지 알았는데 1, 2년 이내 코앞으로 다가왔다고 들으면서 이 위기를, 한반도의 전쟁 위기를 관성적으로, 타성적으로 받아들이는 우리에게 변화가 있어야 한다는 생각을 했습니다.

이게 얼마나 크게 우리의 삶을 위협하고, 우리의 생존을 위협하고 있는 문제인지에 대해서 자각하고 싶었습니다. 그래서 평화에 대한 간절한 마음으로 바꾸고 싶었습니다. 걸어가면서 때로는 고된 산길도 함께 넘고 이겨내면서, 평화를 갈망하는 제 마음이 좀 더 간절해지고 진실해졌다고 생각합니다. 우리 스스로 진실된 마음으로 돌아올 수 있어서 참 다행이었습니다.

마지막으로 새로운 생명의 길을 DMZ를 통해서 찾고 싶었습니다. 자연이 참 위대합니다. 70년 가까이 인적이 끊긴 곳에 새로운 생명들이 자라고 있었고, 도시화되고 산업화되면서 우리가 볼 수 없었던 수많은 생명이 DMZ에서 실아나고 자라나고 있었습니다. DMZ에 들어가서 볼 수 없어서, 망원경으로 보고, 또 직접 철책선 가까이 한 1km 정도를 정춘숙 의원님하고 걸으면서 백로와 고라니가 서로 물을 먹고 있는 그 평화롭고 아름다운 장면을 보면서, 어쨌든 우리가 생각하고 경험하고 있는 이 삶의 무대, 생명의 무대들은 굉장히 제한되어 있는 것인지 모르겠다는 생각을 했습니다. DMZ에서 새로운 생명의 길을 상상해야 통일이 될 때, 혹은 통일 이전에 평화의 길이 열립니다. 또 평화의 길이라도 열릴 때 새로운 생명의 길을 찾아볼 수 있을 거라 생각했습니다.

늘 속도와의 전쟁에서 겪었던 우리의 삶을 한 번쯤은 민통선을 걸으면서, 민통선 뒤의 DMZ를 바라보며 돌아보고 싶었습니다. 사실 빠르게 가지 않고 느리게 가야지만 어려운 사람과 함께 갈 수 있고, 몸이 불편하고 때로는 정신이 불편한 우리의 이웃들과 함께 갈 수 있는 길이 열립니다. 그런 생각들을 꿈꾸게 되었습니다.

그럼에도 불구하고, 돌아오면서 꼭 한마디는 하고 싶었습니다. 어떠한 상황에서도 한반도에서 전쟁은 있어서는 안 된다, 분명히 얘기하고 싶었습니다.

우선 북의 핵과 미사일, 저는 단호히 반대합니다. 그것이 비록 말이었을지 모르지만, 김일성 김정일 시대 우리 민족 앞에서 모두가 함께 나눈 약속이 있습니다. 그것은 한반도의 비핵지대화였습니다. 김정은 시대에도 그 약속들은 지켜져야 합니다. 때때로, 유불리로 핵의 문제가 거론되거나 허용되어서는 안됩니다. 남쪽의 평화세력들이 일관되게 비핵화를 위해서 자기 가치와 철학과 때로는 실천을 통해 지켜왔던 이 약속은 북의 김정은 정권에서도 반드시 지켜져야 합니다.

두 번째로는, 미국도 어떤 형태든 군사적 행동을 해서는 안된다 생각합니다. 한반도에서 어떠한 형태의 전쟁도 우리 국민들의 의지, 신념과 반대되는 것이다, 이것을 미국도 분명하게 인식했으면 좋겠습니다.

오늘 문재인 대통령께서 한국의 동의 없이 어떤 형태의 타격이 있어서는 안된다고 분명히 천명하셨다고 하는데, 저는 그 말에 적극적으로 공감합니다. 그리고 우리 대통령다운 당당한 이야기였다고 높이 평가합니다. 미국이 평화를 바라는 우리 국민들의 간절한 마음을 아주 깊게 경청했으면 합니다.

그리고 세 번째는 한국에 있는, 저와는 정치적 견해가 다를 수 있겠습니다만, 보수 세력들도 평화를 위해서 결단하고 행동해야 한다고 생각합니다. 지난 촛불의 시기에 탄핵에 참여한 것이 새로운 보수로 가는 출발이었듯이, 지금 이 위기의 상황에 평화를 위해 결단하고 나서는 것이 보수가 새로 태어나는 길이라고 전달하고 싶습니다.

우리 국민이 모두 함께 한마음으로 평화를 외칠 때, 한반도의 위기는 우리가 막을 수 있고, 사라지게 할 수 있습니다. 한국에서 평화를 생각하는 진짜 보수, 새로운 보수, 멋진 보수가 이번 기회에 태어났으면 좋겠다 생각을 하면서, 위기를 함께 타개해 나갔으면 좋겠습니다.

오늘, 고생한 이인영 혹은 이인영과 함께 하는 사람들을 격려하기 위해 오신 분도 있겠지만 지금 이 위험한 시기를 평화로 뚫고 나가는, 더 큰 평화로 막아내는 길에 함께 가자는 다짐을 하는 시간이 되었으면 좋겠습니다.

230만 명이 넘는 사람이 민주주의 혁명을 이뤄낸 우리의 역량이, 이제는 세계 평화를 위해서 우리 한반도 평화를 지켜내는 위대한 역량으로 반드시 나타나야 할 때다라 생각하고 걸어왔습니다. 지난 촛불에서의 저력처럼, 한반도의 위기를 평화로 막아내고, 평화로 바꿔내는 위대한 역사를 다시 만들어주셨으면 좋겠습니다.

끝으로 이 길을 걸으면서 제가 꼭 하고 싶었던 것이 있습니다. 제 아내를 위한 기도였습니다. 이미 알고 계신 분들도 있겠지만, 아내가 굉장히 아팠습니다. 그래서 오늘 이 자리에도 오지 못했는데, 지금은 집에서 요양도 하고 나아져서 참 다행입니다. 이 길을 원래 아내와 함께 걸으려고 했습니다. 걷는 중 매일같이 한두 시간 정도 아내를 위해 기도했습니다. 이 자리에 제 아들이 와있는데요, 저를 대신해서 제 아내 병 바라지를 하고 또 지켜줘서 정말 고맙다고 말하고 싶습니다.

그리고 몸은 아내하고 떨어져서 제 아내는 같이 걷지 못했지만 마음은 항상 함께 걸었고, 그것과 같이 오늘 이 길을 같이 못 한 수많은 평화를 사랑하는 사람들이 저와 함께, 우리 친구들과 함께 또 걸었을 거라고 생각합니다. 그런 마음으로 평화를 사랑했으면 좋겠습니다. 그리고 지금 이 순간부터 통일을 시작했으면 좋겠습니다.

여러분 함께해주셔서 고맙습니다. 감사합니다.”

민통선 걷기 후기 1

민통선 후기 첫 번째는 길에 대한 미련, 다시 걷겠다는 약속입니다.

늘 길을 걸으면 그 끝에서 길에도 미련이 남는다는 걸 느낍니다. 특히 산티아고 길을 걷고 나서 꼭 그랬습니다.

그래서 파티마 성당에서 초를 태우며 한정 없이 앉아서 기도했던 적도 있습니다. 미련마저 태우려고 말입니다. 미련을 좋은 추억으로 바꿀 줄 몰랐으니까요.

그래서 길에 미련이 남지 않아야 길을 잘 걷는 것이란 생각을 종종 했습니다. 마치 인생을 마칠 때 후회 없이 살아야 집착하지 않는 것처럼 말입니다.

처음 출발할 때 민통선 길을 60% 밖에 못 걷는다는 아쉬움이 컸습니다. 그런데 다 끝날 때는 그 아쉬움이 작아졌습니다.

이상하게 이번 길은 비교적 미련이 적게 남았습니다. 길을 잘 걸었다는 얘길까요?(^^) 잘 걸었다는 것은 교만이고, 내년에 꼭 다시 걸어야 하겠다는 다짐 때문일 겁니다.

8월 3일 새벽 집을 나서서 아내의 병실을 들려 고성으로 향한 후 15일 저녁에 집에 돌아올 때까지 제가 걸은 걸음의 수는 총 337km에 걸쳐 392,172보에 달했습니다.

산티아고 길을 걸었을 때 제 허리의 만보기가 800km, 100만 보쯤 넘었던 거로 기억하는데 양으로 보면 그보다 많이 부족할지 모르겠습니다.

길의 길다움도, 길 주변의 숙소들도 모두 부족하기 이를 데 없게 느껴집니다. 특히 아스팔트 길이 많고 사람 길은 적고, 많은 사람을 한꺼번에 수용하기에는 식당도, 방도 다 부족했고요.

그러나 민통선 길은 내 나라 길입니다. 내 겨레의 꿈을 빌며 걸어본 길입니다. 가치가 다르고 의미가 심장했습니다. 그래서일까, 미련보다 약속이 많았습니다.

길이 끝나갈 때쯤 후배들에게 내년에도 또 걷겠냐고 묻고 또 걷자고 다짐하는 횟수가 늘었습니다. 통일행동, 평화행동, 생명행동은 일회용은 아니었으니까요.

아마도 자주 걸을 수도 있는 길이지만 약속하지 않으면 또 쉽게 걸을 수 없을 것 같았나 봅니다. 자꾸 걷다 보면 길이 날 것이란 믿음도 커졌고요.

그래서 내년에도 다시 걸어야 하겠습니다. 다 만들어져서 완료된 길이 아니라 완성의 끝이 없이 계속 걸어가는 길을 평화의 길로 생각하기 때문입니다.

민통선 길은 그 자체로 완성되지 않습니다. 내년에 더 잘 준비해서 걷고 또 기록을 남겨 보완하면 후년에는 길 자체의 완성도를 높일 수도 있겠지요. 그러나 통일될 때까지 진정한 완성이란 있을 수 없습니다. 그러니 계속 걸어야 합니다.

민통선 걷기 후기 2

민통선 후기 두 번째는 '그 길의 사람들'입니다.

민통선을 걸으며 잊을 수 없는 사람들이 꽤 많았습니다.

국민대 김은식 교수님, 세계생
태학회 회장이십니다. 우리 일행
중 유일한 60대이셨는데 말 그대
로 사부작사부작 걸음걸이로 누구
보다 잘 걸어내셨습니다.
풀과 꽃, 나무들을 설명하시는
대의명분으로 중간중간 때때로 강

행군하는 저의 군율을 무너뜨리시며 후배들의 휴식시간을 만들어 주
셨습니다.
이재교 대표와 더불어 가장 많은 사진을 찍으셨는데 주로 식생들
에 집중하셨습니다. 다녀온 뒤 두 차례 저녁을 함께 모신 적이 있는
데 민통선을 걸으며 기 받아서 세계생태학회장(함께 걸을 당시에
는 사무총장^^)이 되셨다고 덕담을 하셨습니다.

체조 교관 김준아, 깃발 향도 김상동, 정도 걸음 최지연, 이른바 20
대 3총사들은 앞에서 혹은 어느새 뒤에서 우리 일행의 행렬을 일관
된 속도로 유지하는 페이스메이커였습니다.

그러던 어느 날 준아와 지연이는 발병이 나서 보급조로 보직 이동했고, 상동이만이 파스도 떼고 근육 잡아주던 테이핑도 해제한 채 완주해 버렸습니다.

내년에 또 만나자며 지연이에게는 선글라스를, 상동이와 준아에게는 좌우 지팡이 즉 스틱을 하나씩 선물해 주었습니다.

그걸로 될지는 모르지만 민통선 걷기가 고령화되는 것을 방지하기 위한 물량 공세의 일환입니다. 곧 뒤풀이 겸 고기도 사주려고요.^^

고성에서 만났던 김담 씨, 작가랬습니다. 철책선을 걷는대서 왔더니 아스팔트 걷는다며 투덜대다가 마지막 날 걸을 수 있다니까 연천의 통일 미래센터까지 다시 왔습니다.

제가 초대 물집 대왕이라 놀렸지만, 마지막 날 그 빗속을 뚫고 임진강 변 철책 소로를 걷고 비로소 마음이 풀렸다며 미소를 지었습니다. 언젠가 그의 소설 속에 민통선을 걸은 사람들의 꿈이 살아나면 좋겠습니다.

두타연의 해설사 김영란 선생
님, 뒤에 듣기로 성우를 하셨다 했
습니다. 참 단아한 말씨와 곧은 걸
음새로 친절을 베푸셨습니다. 우
리 일행에게 눈을 감으라 한 뒤 전
쟁의 참상과 애절함을 담
은 시 한 수를 낭송하셨을 때 우리

는 이념을 떠나 평화를 비는 한 몸이 되었습니다.

숲길에서 이름 없는 병사의 철모 꽂힌 고목 앞에서 모두 함께 비목
을 합창하게 하셨고, 김동엽 교수의 '그리운 금강산' 독창을 끌어내셨
습니다.

이용갑 부사장, 완전히 아재 품격의 달인이었습니다. 한 마디로 모
르는 게 없고 안 끼는 데가 없었습니다.

물집 치료는 장백건 감사와, 향도는 20대 3총사와, 꼬래비는 군
의 상사님들과, 실무 스텝들과는 수박이나 아이스크림으로, 그러다
가 어느새 의무병들에게 다가가 물집 치료의 노하우까지 익히곤 합
니다.

마지막에는 냉장고 바지를 몇
개 풀어서 근엄하신 김은식 교수
님까지 모두 입게 만드는 2017
통일걷기 판의 숨은 조율사였습
니다.

야매 물집 치료사 장백건 감사, 아내가 약사라며 커다란 약 상자를 한 통 들고 나타나서 물집 잡힌 사람들을 대충(?^^) 치료하고, 그 위에 쓰리디(3D) 밴딩을 한 후 자신의 불법 시술을 처치 봉사라며 웃어댔습니다.

그가 치료한 것은 물집만이 아니라 지친 우리들의 마음이었음을 우리는 다 압니다.

단 그의 주특기는 밤마다 먼 길 찾아온 우리의 친구들과 소주 한잔 하는 것이었고, 그 덕에 우리 일행 중 유일하게(?) 몸무게가 늘었답니다.

최웅식 보좌관, 매일 평균 행군 거리가 그날의 예상보다 5~10km 늘어나는 덕택에 우리 일행들에게 가장 불신의 대상이 되었습니다.

수 없이 반복되는 항의에도 꿋꿋하게 그는 거리가 늘어난 게 아니라 계산이 잘못된 것이라는 명언을 남겼습니다.

그래서 우리는 중간구간부터는 아예 몇 킬로미터씩 더 걸을 각오로 하루하루를 임했습니다. 그가 만든 지도 덕에 우리는 민통선 걷기에서 길을 잃지 않았습니다.

215

조성대 교수, 자기 후배의 누나를 홍보 전문가로 소개한 죄라며 기꺼이 일주일을 넘게 우리 일행과 함께했습니다. 그간 자기가 갖고 있던 150km의 트래킹 기록을 깼다며 170km쯤 걷고 돌아갔습니다.

우리는 누구도 그가 마음마저 걸어갔다고 생각하지 않았습니다. 교수가 아닌 친구로, 친구 같은 교수로, 조교를 시키지 않고 유일하게 직접 걸어준 사람이었습니다. 통일의 길에서 인텔리로서 보다 통일꾼으로서 몸을 낮춘 그의 마음이 우리 세대의 마음입니다.

강소연 대표, 프리랜서 홍보 전문가입니다. 이 분이 바로 조성대 교수가 모셔온 사람입니다. 우리의 컨셉에 엣지(edge)를 만들어 주었는데 'Help, we can do it!' 노변정담의 네이밍을 조성대 교수와 박동철 보좌관이랑 주도했습니다.

우리에게 홍보를 가르쳐주려다 길에 취해 걸었는데, 일주일쯤 지나 발병이 나더니 짐이 되기 싫었는지 귀경했습니다. 그러나 SNS 라이브에 꼬박꼬박 함께하며 마음은 민통선을 또박또박 걷고 있더군요.

　국립생태원의 최태영과 김영진 박사, 한 사람은 포유동물 또 한 사람은 곤충 전문가입니다. 이들이 사전에 제공한 DMZ 생태정보가 민통선 길의 지도를 그리는데, 우리들의 걷기 코스를 선택하는데 결정적 조력이 되었습니다.

　동물은 대부분 발자국으로 만났고 밭에서 수풀로 뛰어가는 고라니, 멧돼지 정도였지만 그들이 심어준 산양을 만나는 꿈이 우리에게는 설레임처럼 있게 되었습니다. 지금도 DMZ와 민통선의 어딘가를 답사하며 한반도 생태지도의 한 축을 김정호처럼 그려내고 있을 겁니다.

　보급 책임자이자 스타렉스 담당자 이기진과 한돈길, 스타는 릴렉스 해야 한다며 뒤처지는 사람들을 부탁하면 최상의 서비스로 낙오자들을 안전하게 챙겼습니다.

　그들이 나타나면 우리는 시원한 물을 마실 수 있었고 때때로 아이스크림은 대박이었습니다. 기진의 과묵과 돈길의 싱싱한 미소 덕에 우리의 호송시간은 안전하며 활기찼습니다. 스타렉스 안은 땀 냄새로 가득 찬 움직이는 오아시스였습니다.

　제가 찝어내는 단점이라면 이들이 공급하는 간식은 주로 에너지바, 초코파이, 마이쮸 등의 신세대 간식거리라 강원도에서 찐 감자를 별로 맛볼 수 없었다는 겁니다. 기진의 말로는 옥수수의 과공급 때문이었다니 달리 뭐라 더 할 말은 없었습니다.

　홍성자 비서관, 음 뭐라 말하기 어려운데, 있어도 티를 안 내고 없으면 금방 티가 나는 재정, 회계, SNS의 그림자였습니다.

　그녀가 나타나는 사진은 굉장히 드문데, 심지어 있는 사진도 복면하고 찍혔습니다. 정치인들은 사진 찍을 때 없다가도 인화만 하면 나

타난다는데, 그녀는 사진 찍을 때 있었던 것 같은데 아예 사라져 버렸기 때문일 겁니다.

　어쩌면 이건 추측인데 사진 찍을 시간도 아껴서 쉬려고(?) 그랬는지도 모르겠습니다. 나름 꽤 많이 걸었고 약간 기울었던 걸음걸

이의 자세 교정이라는 부수익도 좀 있었습니다.

송윤철 사장, 그가 이 길을 걸
은 그만의 이유는 딱히 꼬집어 알
지 못합니다. 민통선 걷기 얘기
를 듣고 기꺼이 자신도 걷겠다
며 나섰다는 사실 말고는….
사실 그는 아주 오래전 20대 시
절부터 제가 일하던 재야단체 자
원봉사자로 알아온 사이지만 이렇게 긴 시간을 다시 함께 보내
긴 참 오랜만입니다.

자신의 딸에게 자기 간의 1/3을 떼어주고 80~90%를 회복했던 그의 이
력 아닌 이력을 그의 발걸음과 함께 종종 뒤에서 지켜보았습니다. 그
냥 그렇게 깊어진 그의 속내를 훔쳐보았을 뿐입니다.

우리의 20대가 이렇게 40대, 50대로 익어가는구나 싶었습니다. 그
의 역할은 노변정담 페북 라이브 담당자였습니다.

김진영, 오래된 친구입니다. 육
사 생도 시절의 기백이 구사(체중
94kg)가 된 그를 걷게 했습니다.
대왕물집에도 굴하지 않고 끈질
기게 걸어서 우리의 걱정스런 사
랑의 시선을 온몸으로 받았습니
다. 평일에 근무해서 결합을 못했

지만 앞뒤로 주말과 연휴를 온전히 민통선 길에 쏟아부었습니다.

대부분 우리가 접한 군의 지휘관들과 선후배인 관계로 우리는 그를 통해 참군인의 정신을 친근하게 만날 수 있었습니다.

오상택 비서관, 그는 원래 박사입니다. 그런데 이번에 이 길에서 그는 막노동판 반장이 되었습니다. 최웅식 보좌관이 사수라면 오 비서관은 부사수 또는 조수입니다.

어느 날 밤, 젊은 후배들과 경로당에서 함께 자면서 그에게 숨겨져 있던 당당한 주역의 풍모와 잠재력을 발견하고는 너무 기뻤습니다.

민통선 걷기의 숨은 실력자들, 디자이너, 코디네이터들은 그와 그의 젊은 동료들이었습니다. 어떤 영화배우의 표현대로 우리는 이들이 차려놓은 잔칫상 앞에서 신나게 먹고 흥겹게 놀았을 뿐인 것 같습니다.

구로구 의원 이호대, 중간에 나타나서 열심히 걷다가 마지막 날 사라졌습니다. 아마 발병이 나서 그랬을 겁니다. 우리 중에 꽤 큰 물집 중상자이었을 겁니다.

이호대 의원은 우리가 남긴 사진 중 몇 장 안되는 최고의 빵터

짐 사진을 남긴 사람입니다.

세 번쯤 주먹밥을 먹었는데 정말 탐스럽게 거리의 주먹밥을 먹어 주었습니다. 페친 여러분도 앞으로 주먹밥은 이호대 의원의 사진처럼 드십시요.^^

이재교 대표, 작은 출판사 겸 광고회사 대표입니다. 우리 일행의 공식 사진을 가장 많이 확보하고 있습니다. 이 분 없으면 사진은 아예 꿈도 꾸지 못하겠죠.

가장 마른 몸매로 지난 10년간 운동을 한 적이 거의 없어 걱정했다는데 가장 잘 걸어낸 사람의 하나입니다. 아마 물집 수술 한 번 정도로 때웠을 겁니다.

내년에 또 걷겠냐니까 쉽게 대답하지 않더니 끝나는 날 제가 직접 동영상으로 인터뷰했는데 내년에도 또 걷겠답니다. 말수가 적은 그의 가슴에 통일의 꿈이 심어졌을 겁니다.

이재수, 동영상을 남기려고 작은 동영상 카메라를 하나 들고 비가 오나 뙤약볕이 쬐나 헌신적으로 뛰었습니다. 아마 우리 일행 중 가장 중장비 기술자였을 겁니다.

타고난 체질 탓인지 태양 볕에 가장 많이 탔는데 끝날 때 카메라를 빼앗아 자기 인터뷰를 하니까 내년에도 또 민통선 걷기에 참여하겠답니다.

　매번 남을 인터뷰하다 자기가 인터뷰를 당하면서 모든 동영상 촬영
은 마무리되었습니다. 우리 모두는 그가 담은 모든 동영상 기록들
이 우리가 함께 소원하는 평화통일의 생방송이란 걸 알고 있습니다.

　그리고 마지막으로 우리의 통일걷기를 응원해준 사람들입니다.

　먼저 우리 방 식구들입니다. 박동철 보좌관과 정주영, 김다희, 이효
정, 양우림 비서들, 본인들도 걷고 싶었을 텐데 의원회관을 지키며 원
격 참여로 대신했습니다. 물품도 사고 기획과 준비도 같이 했는데 동
철, 주영은 일부라도 결합해 보았는데 다희, 효정, 우림은 아예 사무
실 지키다 마지막 날 임진각에서 만났습니다. 이상하게 주영의 사진

이 남지 않았습니다. 어쩔 수 없이 주영의 사진은 제 마음에 남겨야 하겠습니다.

다음은 고대 84학번 동기들입니다. 웬만하면 비가 와서 쉽지 않았을 텐데 마지막 날 장대비 속에서도 정창우 회장과 동행 회원들이 50명 가까이 찾아와서 저에게 좋은 추억을 만들어 주었습니다.

끝으로 구로구 사람들입니다. 스무 분 정도가 나흘째 되던 날 하루를 같이 걸으셨고, 마지막 날 그 빗속에도 백여 분이 임진각에 오셔서 저를 마중해 주셨습니다. '피니시'로 들어서는 순간 구로구민들의 박수와 격려로 모든 피로가 한순간에 풀리는 기적을 경험했습니다.

그 외에도 민통선을 걷던 그 길에서 만났던 모든 분께 특별히 감사의 마음을 전합니다.

　강원도당과 속고양 철인양화홍 동두천연천 지역위원회 그리고 해당 지역의 도의원, 군의원님들, 그리고 당원들께 감사합니다.

　서울 부산 대구 경남 전북 충주 속초 고성 강릉 원주 춘천 등 각 지역에서 먼 길 마다하지 않고 찾아왔던 동지들, 친구들도 고맙습니다.

　군과 장병들 그리고 지자체 관계자들께도 감사합니다.

　참 많은 분이 도움을 주셨는데 일일이 인사 남기지 못한 점 거듭 양해 구합니다.

　그리고 처음부터 끝까지 민통선 길을 함께 걸어낸 17명의 사람들에게 큰 격려의 박수를 부탁드립니다.

민통선 걷기 후기 3

민통선 걷기 세 번째 후기입니다. 그 길의 베스트 10선입니다.

민통선 주변에는 아름다운 마을, 수변로, 산과 숲 그리고 들판이 참 많았습니다. 저는 이 중에서 '민통선 10경'을 뽑아봤습니다.

첫째 고성 통일전망대입니다. 날씨가 좋으면 금강산 특히 해금강을 잘 볼 수 있습니다. 고성의 통일전망대에서 더 들어가 볼 수 있는 717OP 전망대는 훨씬 가까이서 금강산과 해금강을 볼 수 있습니다. 정말 한걸음에 내달려 가볼 것 같은 느낌이 옵니다. 군에 별도로 신청하면 심사를 거쳐 관람 기회를 가질 수 있답니다. 금강산 길은 직접 걸을 수 없으니 지금은 마음의 길입니다.

둘째 소똥령 마을과 흘리로 넘어오는 고갯길입니다. 임도를 가꾸고 있던데 그냥 둬도 좋을 것 같았습니다. 소똥령 고개 입구에 쉽게 볼 수 없는 소나무 군락이 시원합니다. 표식이 잘 되어 있어 어렵지 않은 길입니다. 마을부녀회에 주문하면 최상품의 비빔밥을 맛볼 수 있습니다. 인근의 등산로 산책길과 연계하면 1박 2일 최상의 힐링 타임을 가질 수 있어 보입니다. (연락처 : 마을회관 033-681-8126)

셋째 향로봉 길에서 칠절봉으로 우회하여 걸어 도는 길입니다. 사방 풍광이 절경인 향로봉은 군사요지로 출입이 민간인에게 제한되어 있습니다. 솜다리가 있는 등 생태적으로, 기후변화가 무쌍하여 기상적으로 아주 중요한 가치가 있습니다. 언젠가 민간인에게 개방될 기회가 있다면 멀리 금강산도 볼 수 있겠습니다. 단 내려오는 길에 자갈길이 아주 험합니다.

넷째 대암산 용늪입니다. 이번에 시간이 안 맞아 못 들어가 봤지만, 람사르협약에 국내 1호로 가입된 세계적으로 보존가치가 높은 늪지입니다. 하루에 정해진 인원만 받기 때문에 미리 신청을 해서 허가를 받아야 입장이 가능합니다. 비와 안개가 뒤섞이면 정말 용이 승천할 듯 신비롭습니다. 그러다 햇살이 비추면 또 다릅니다. 빠르게 돌아보기보다는 여유 있게 즐기는 게 좋습니다.

다섯째 두타연 길입니다. 군과 양구군이 협조해서 1년에 10만 명 가량이 다녀갈 만큼 꽤 개방되어 있습니다. 당일에도 GPS가 부착된 비표를 발급받아 출입할 수 있으며 월요일은 쉽니다. 길의 중간쯤에 금

강산으로 가는 길이 닫혀 있어 한동안 발길을 멈추게 합니다. 사람은 오가지 못하는데 물은 하나로 섞여 흐르며 애잔한 사연만 남게 합니다.

　　여섯째 방산면 수변로(송현리 자전거길)입니다. 하천 양쪽으로 한
쪽은 마을 길과 농로로 다른 한쪽은 산길로 조성했습니다. 처음에 아
스팔트가 싫어서 택한 길인데 꽃이 많은 마을길과 농로 길도 좋았
고, 밤 대추 등 과수도 제법 있습니다. 하천 건너편의 산 옆으로 하천
과 가까이 만들어 놓은 데크 길도 좋아 보였는데 직접 걸어보진 못했
습니다. 취향에 따라 선택하면 좋겠습니다.

　일곱째 수리봉 길입니다. 군사적 요충지는 아닐 수 있는데 민간인
에게 개방되지 않았지만 좀 길고 힘들게 트래킹하기에 좋은 길입니
다. 내려오는 길에 약간은 정글을 타고 다니는 느낌도 한 시간 이상 가
져볼 수 있습니다. 칠절봉 하산 길보다는 낮지만, 하산 길에 좀 길
게 약간의 자갈길이 있어 발이 풀리면 조심해야 합니다. 나무숲 길
이 꽤 좋습니다.

여덟째 화천군의 DMZ 생태평화공원도 들려 보면 좋습니다. 철원의 노동당사처럼 총탄과 포탄 자국이 그대로인 암정교에서 수변을 따라 2km쯤 조성된 생태공원은 산책과 명상에 좋습니다. 백로, 가마우지 등을 만날 수 있고 생창리까지 이어진 길을 마저 걸으면 들판 트래킹하기에도 손색이 없습니다. 인근에 파프리카 생산지가 많으니 합법적으로 음미하는 것도 좋겠습니다.

　아홉째 철원의 정연리 마을입니다. 군에서 운영하는 전망대와 금강
산 철교 등과 연계해서 느릿하게 살펴본 후 금강산역체험관에서 1박
하면 좋습니다. 무엇보다 도시에서 만날 수 없는 밤하늘의 별이 최고
입니다. 부녀회가 운영하는 식당은 철원 오대미로 밥을 지어 너무 좋
은 밥맛이 일품입니다. 이장님께 정연리 마을사를 청해 들으면 분단
의 현실이 생생해집니다. (연락처 : 마을회관 033-681-8126)

　　열 번째 임진강 철책길입니다. 사전에 신청하면 심사 후 허가하는 생태길입니다. 트래킹을 좋아하면 율곡 습지에서 임진각까지 걸어 보아도 좋습니다. 아주 다양한 식생을 만나게 되고, 동시에 철책선이 마음속에 통일에 대한 그 무엇을 심어줍니다. 분단이 끊어낸 역사의 생태, 사회의 생태, 인간의 생태길이 들어 옵니다. 통일도 또 다른 생명의 복원입니다.

그 외에 평화전망대에서 월정리역까지 남방한계선 철책을 1km 걸으며 백로와 고라니가 5m 사이를 두고 나란히 물을 먹는 모습을 보았습니다. 역설적이지만 한 마디로 평화를 떠올리게 되었습니다. 그 짧은 구간을 걸어본 것도 군의 배려 덕인데 아직 여기까지 개방하라고 말하진 못합니다. 남방한계선 철책선은 레포츠나 문화유람의 길은 결코 아니기 때문입니다.

또 하나 건봉산에서 향로봉까지 지도에만 존재하는 소로입니다. 애초에 이 길을 걸으려다 군도 사용하지 않는 길이라 해서 멈추었습니다. 주변에 지뢰 매설지 등으로 인한 군사적 위험이 큰 부담이었습니다. 그러나 향로봉 코스는 명백히 백두대간 중심축의 하나입니다. 이곳을 걷지 못하면 남한에서조차 백두대간의 종단은 완성되지 않습니다.

언젠가 이 두 곳까지 걸을 수 있으면 세계에 민통선과 DMZ 평화걷기를 제안할 만합니다. 우리가 먼저 세계를 향해 문을 열고 세계인을 받아들이기 시작하면, 그러면 북쪽도 그에 상응하는 만큼 북의 민통선에 해당하는 지역과 북방한계선을 열 수밖에 없다고 저는 생각합니다. 어쩌면 이런 것이 통일 걷기, 평화를 만들어 가는 길 즉 방법일지 모르겠습니다.

민통선을 더 잘 걷기 위해

민통선을 다녀온 뒤 가는 곳마다, 만나는 사람마다 얘기해 주었습니다. 어느새 내년에는 민통선을 함께 걷고 싶다는 사람들이 조금씩 늘어나게 되었습니다.

자연스럽게 민통선 길에 대한 미련, 민통선을 처음으로 걸어냈다는 자부심은 민통선 길에 대한 새로운 구상으로 발전합니다.

그런데 약간 걱정입니다. 우선 현실적으로 많은 사람이 함께 걸을 방법이 많지 않습니다. 숙소는 올해의 경험으로는 30명 이상 되면 수용 불가입니다.

학교 운동장을 빌려 텐트를 치고 식당차를 이용하면 100명 그 이상도 수용할 수 있을 겁니다. 그런데 아직 자신이 없습니다. 우선 경험을 가진 사람들이 많지 않고 프로그램 그 자체도 검증되지 않았습니다.

무엇보다 군의 동의가 가능할지 모르겠습니다. 한꺼번에 많은 인원을 통제한다는 것이 군으로서는 아무래도 부담일 겁니다. 그러면 군은 민통선 밖으로 다시 돌아나가서 걷는 프로그램을 권하게 될 겁니다.

그래서 제가 권하고 싶은 방법은 쪼개기입니다. 혼자 또는 몇몇이 각자가 걸어보는 겁니다. 그렇게 아주 많은 사람이 걷다보면 또 아주 자연스럽게 식당도 민박시설도 생겨날 겁니다. 그러면 여름만이 아니라 봄에도 가을에도 겨울에도 사시사철 걷는 길이 되리라 생각합니다.

그러면 군의 부담도 없고 군은 오히려 안전 수칙이나 유의점 등을 잘 숙지해서 걷도록 더 적극적으로 도울 수도 있을 겁니다.

누군가 꾸준히 산티아고 길의 노란 화살표 같은 표식도 달고, 식당과 숙소 같은 안내지도 만들고 또 주변의 문화유산이나 지역마다 전설 같은 얘기들을 모아 책자도 만들면 큰 도움이 되겠죠.

사실 길은 급조하는 것보다 이렇게 많은 사람이 오래 다니면서 만들어 내야 제맛이 날 수 있습니다. 제주 올레길도, 지리산 둘레길도 그냥 한순간에 얼렁뚱땅 만들어진 것은 아닙니다.

처음에 '민통선 길'이라는 소박한 사이트 정도 하나 만들어서 아주 많은 사람의 경험이 게시되어 공유되고, 거기서 자연스럽게 개선이, 혁신이 일어나면서 서서히 길은 다듬어질 겁니다.

이렇게 적은 수의 아주 많은 개별 경험들이 모이면, 누구 특출난 사람의 결단이나 의지가 아니라 아주 많은 사람의 평범한 힘으로 완벽한 길을 만들어 나가게 되지 않을까 생각합니다.

민통선 길이 제대로 나면 그 길 주변에 아름다운 길들을 다시 연결하면 좋겠습니다. 양구의 펀치볼 둘레길, 인제의 백두대간트레일, 임진강변의 평화누리길 등을 다 연결해 내는 겁니다.

양구를 지나며 떨칠 수 없었던 펀치볼의 그 멋진, 아름다운 풍경을 바라보며 그 자리에 하루쯤 머물렀다 즐기며 가는 길도 민통선 길에 포함되면 좋겠다고 생각했습니다.

다음으로 진보세력만 걷는 게 아니라 보수세력도 걷는 겁니다. 당
이 다른 보수정당의 어떤 국회의원께서 한 번쯤 걸어보고 싶다고 하
셨습니다. 내년에 같이 걷자고 약속했습니다. 길은 독점하는 것이 아
니고 누구나 걸을 수 있어야 마땅합니다. 민통선 길에 편견 없이 누구
나 많은 발길을 옮기길 기대합니다.

어느 부모님은 중학생 아이를 두었는데 내년에 걷게 하고 싶다고 하
셨습니다. 걸을 수 있다면 함께 걸어보고 싶습니다. 다만 어떤 정해
진 프로그램이 있는 훈련학교에 입교하는 방식은 버리고 말입니
다. 이런 방식은 차라리 군에서 극기훈련처럼 민통선 걷기 프로그램

을 한번 만들어 보면 어떨까 생각됩니다. 극기훈련보다는 꿈을 빌며 걷고싶기 때문입니다.

여성들이 더 편하게 안심하고 걸을 수 있으면 좋겠습니다. 사실 길의 처음은 여성들에게 불편합니다. 시설도 부족하고 화장실 하나부터 불편합니다. 그러나 길이 풍요롭고 아름다워지기 위해서는 여성들이 안심하고 편하게 걸을 수 있어야만 합니다.

그러면 언젠가 세계인에게도 걷고 싶은 길로 알려지게 될 것입니다. 실제로 저는 세계인과 함께 이 길을 걷고 싶습니다. 누차 반복했지만, 민통선이 세계인과 함께 걷는 길이 되기 시작하면 휴전선 북쪽에서도 민통선에 상응하는 길에 대한 세계인들의 관심도 함께 높아지게 됩니다. 이 상황은 당연히 한반도 평화에 긍정적 기운을 높여주게 될 것입니다.

그 와중에 큰 정책의 변화가 생기면 대규모 시설에 대한 투자가 시작되겠죠. 통일이 시작되면 군사시설을 활용한 숙박시설도 늘어나겠지만 저라면 역토건의 발상, 즉 인문 토건 사업을 우선 진행하겠습니다.

사람이 다니는 길을 내는 겁니다. 사실 땅을 좀 활용할 수만 있으면 그리 힘든 일이 아닙니다. 불도저나 포크레인으로 만들 길이 아니므로 차도를 내듯 큰돈이 들 일은 아닙니다. 정말 시멘트나 아스팔트 포장은 반대입니다.

산비탈로, 논둑 옆으로, 하천가 수변으로 가끔은 인심 좋은 마을 길도 지나면서, 정 안되면 아스팔트 포장도로 옆에 나무 밑 흙길을 내면서, 찻길이 아닌 사람과 동물들이 다니는 길을 내야 합니다.

찻길을 걷는 것은 도시에도 많고 그러느니 짐(gym)에서 걷고 뛰고 할 수도 있습니다. 오직 사람의 발로만 걷고 오르고 내릴 수 있는 길이어야 합니다.

자기 마음속으로 걸어 들어가고 자기를 돌아보고 마침내 자기 스스로 걸어 나와 세상을 다시 마주하며 다시 태어날 수 있는 길, 그 평화로운 사람들의 마음에서 피어나는 참 평화의 길을 만들고 싶어졌습니다.

길을 처음 걸으면 길과 따로 노는 자신을 봅니다. 그러다가 어느새 길을 따라 그냥 걷고 있는 자신을 또 발견합니다. 그리고 어느 때쯤 새소리도 들리고 꽃도 보이고 풀 한 포기, 돌 한 무더기도 제대로 보이기 시작합니다. 그러면 길과 자신이 하나가 되고 있음에 비로소 평화가 깃들게 됩니다.

그 평화로 인해 마음으로 들어가는 문이 열립니다. 그 문을 지나면 어느덧 이미 자신의 마음속으로 걸어 들어가서 있게 되고 그 안에 있는 자기를 만나게 됩니다. 어떤 때는 울고 있고 또 어떤 때는 배시시 웃고 있는 맑고 순한 자신과 한참 놀고 얘기하게 됩니다. 왜 울고 있느냐고, 무엇을 하려 하느냐고.

그러다가 문득 불어오는 바람 한 줄기에 다시 세상을 향해 걸어 나오기 시작합니다. 내 맘 속의 나는 손을 흔들어 인사합니다, 잘 가라고 그리고 다시 한번 용기를 내어 잘 살아보라고….

그렇게 세상을 향해 걸어 나오면 또다시 첫번째로 나를 맞이해주는 것이 바로 길입니다. 그러면서 길과 나는 새롭게 하나가 되고 나는 길 위에 다시 서서 앞을 향해 걸어갑니다. 이런 길을 알고 걷는 것이 참 평화의 길입니다.

꿈 같은 얘기입니다. 그런데 천천히 되짚어 보면 분단이 가로막은 것은 길만이 아닙니다. 우리의 꿈도 동강 냈고 정말 작아지게 만들었습니다.

민통선 길이 평화의 길이 되면 꿈이 더 커질 것 같습니다. 움츠러들었던 어깨를 펴고 크게 기지개를 펴면 더 아름다운 꿈도, 더 멋진 꿈도 품을 수 있겠습니다. 맨날 남의 눈치만 보고 뒤만 따라가는 것이 아니라 때로는 앞서 보고 누구도 해보지 못한 일도 당당하게 해 볼 수 있을 것 같습니다.

그러면 위대해질 수도 있는 거겠죠. 그 대신 우리가 천신만고 끝에 평화를, 통일을 향해 다가선 만큼 남의 평화도 생명도 소중하게 존중하는 아름답고 멋진 꿈을 이루어 보는 겁니다.

우리가 통일을 염원한다는 건, 평화를 갈망한다는 건 그렇게 더 아름다워지고 커지는 꿈을 갖게 된다는 걸 의미합니다.

민통선이 우리 모두가 더 담대해지는 참 평화의 길이 되도록 내년에도 걸을 것을 제안합니다.

참가기

올해는 예년과 다르다.

지난 몇 년간 느껴왔던, 또 한 해가 지나는 그렇게 익숙한, 일 년이 아니다.

애초 예정된 나의 일상에 의하면 오늘(12월 15일)은 대선 4일 전이 니 아마도 선관위의 우편물에서 투표소 위치를 알아보거나 홀로 계신 어머니의 표심을 의심(?)하고 있을 터다.

수많은 이들의 노력으로 생겨난 일년, 바로 올해였다. 뉴스와 SNS 의 소식들이 세상이 달라졌음을 실감시켜 줘서 그랬을까? 나 역시 몹 시도 개운한, 간만의 기분 좋은 한 해였던 듯하다.

우리 사회가 이처럼 갑작스레 나아질 수도 있듯이, 나에게도 그런 기회가 찾아왔다.

한여름에 민통선을 걸었었다.

물론 내가 원해서 그 길고 힘든 길을 간 것은 아니었다. '지난 10여 년 간 DMZ 일원의 생태계를 조사해 온 전문가', 이것이 나의 정체성 이었으며, 통일걷기에 참여해서 내 직장인 국립생태원을 잘 홍보하 라는 게 나의 임무였다.

그럴 듯한 포장으로 그럴듯이 보이는 것, 이게 참 쉬운 일이 아니다. 하루 이틀도 아니고 열흘 넘게 함께 먹고 자고 걸으니 포장은 걷어지 고, 서로의 숨결과 채취를 이야기하며 인연들이 맺어졌다.

'시대가 무엇을 요구하는가?' 스무 살 청춘의 이 화두를 흰머리의 장년이 되어서도 놓지 않은 삶들, 그리고 그 짐을 나누고자 하는 사람 들.

마치 일상을 떠나 전방에 가서야 알게 되는 국군장병의 존재처럼, 나에게 통일걷기는 전방체험이었다. 제대하고 잊었던 군대에 말뚝 박은 동료와 소대장을 만나듯, 대학 졸업 후에도 계속 말뚝을 박고 있는 동지들을 만났다. 따지고 보면 나는 대학 시절에도 앞에 나서지 못하고 참여도 늦고 그랬다. 그래도 시대의 기억을 공유하는 사람들, 연이어 떠오르는 나의 동료들. 반가움 고마움 미안함 부끄러움….

통일걷기 참여는 사회가 어떻게 진전하는지를 설명하는 흡사 물리학의 기초법칙을 다시 인지하는 계기였고, 이를 이해하고자 하는 20대의 대학생이 아직 있음을 알았으며, 20대의 내가 선배들을 따라 수없이 외치고 불렀던 '통일'이 여전히 어쩌면 더 절실한 시대임을 자각하였으며, 다행히도 내가 그토록 소중히 여기는 DMZ 일원의 생태적 가치를 많은 이들이 공감하고 있음을 확인하는 기회였다.

굳이 아쉬움이 있다면 DMZ의 자연을 더 생생히 느낄 만큼 깊이 들어가지 못한 것.

남북의 군사적 긴장이 가라앉고 평화와 신뢰가 쌓여 민통선 언저리가 아닌 남북의 DMZ 철책을 넘나드는 통일걷기를 꿈꾼다. 그날이 그냥 오지 않음을 안다. 수많은 노력으로 올 한해가 새롭게 탄생했듯이 그러한 노력이 또 필요하겠지.

그날에 누군가 DMZ 체험을 왔을 때 여전히 그곳에서 DMZ의 자연을 이야기하며 열심히 말뚝을 박고 있는 내 모습을 상상해 본다. 그러면 나도 조금은 멋있으려나?

_ 최태영 (국립생태원)

비에 젖은 군화를 끌고 깜깜한 밤중에 논산의 산과 들로 훈련소의 마지막 행군을 하고 있었습니다. 10분간 휴식이라는 구호와 함께 드러눕자 그새 갠 하늘 사이로 남북을 가로지르며 밝게 빛나는 은하수가 있었습니다. 도시의 시끄러움과 밝음 속에 사라졌던 은하수를 민통선 걷기 행사에서 30년 만에 만났습니다. 철원 정연리의 하늘에는 잊었던 은하수와 온갖 별들이 내 머리 위로 쏟아져 내리고 있었습니다.

민통선은 쉽게 넘을 수 없는 선이고 통일이 되기 전까지 넘어갈 일도 없는 선이라 여겼습니다. 그래서 민통선 걷기는 자주 오지 않을 기회일 것 같아서 처음부터 끝까지 모두 걷고 싶었지만 겨우 이틀의 시간을 내서 55km의 길을 함께 걸었습니다.

한참을 가도 사람 한 명 보기 어려운 민통선 안은 조용하고 한적한 여유를 보여주었지만, 열쇠전망대에서 바라본 DMZ는 보이지 않는 긴장감으로 한여름의 폭염도 소리를 죽이고 있었습니다. 누구 하나 들이지 않는 금단의 땅이지만 정작 길을 가로막는 것은 가느다란 철조망뿐이었습니다.

담벼락에 대고 소리치는 심정으로 내 걸음이 조금이라도 도움이 되기를 바라며 걸었습니다. 참가한 분들의 모습에서 희망을 보며 같이 걷는 것이 좋았지만, 내내 마주치는 분단의 현실 앞에 마음이 무거웠습니다. 민통선을 민족통일선으로 만들자는 민통선 걷기가 DMZ와 우리 마음의 장벽을 걷어내고 내년에는 더 많은 이들이 함께하기를 바랍니다.

_ 임찬기 (민주연구원 운영지원실장)

통일 걷기를 시작한 이틀째 아침에 용 모양의 구름과 일출이 교묘히 어우러진 모습에 '이햐~, 우리 모두의 통일 염원이 머지않아 이루어지겠구나'라는 느낌과 희망을 보았고, 뜨겁고 가파른 길을 한 걸음 한 걸음 걸으며 우리가 밟아가는 이 땅을 누구의 허락 없이도 자유로이 걸으며 자연 그대로의 정취를 누릴 날을 그려도 보았습니다.

내년 또한 합류할 것이며 통일이 되는 그 날까지 쭉 합류할 것입니다. 제 주변에 조카와 아들들도 함께하여 통일이 왜 되어야 하는지 직접 체험하며 느끼게 하고 싶답니다 ^^.

_ 김정빈 (충주 다우리포럼)

이인영 의원은 87년 정치체제를 만든 주역 중의 한 명이다. 물론 그가 그리던 정치체제하고 꼭 부합하는 것은 아니었을 것이다. 그는 지난 30년간의 87년 정치체제와 함께 성장한 정치인이다. 이제 그는 성장을 넘어 성숙한 정치인으로 발돋움해야 한다.

그 첫 발걸음이 지난여름의 '2017통일걷기, 민통선을 걷다'였다. 그와 사흘을 함께했다. 그의 발걸음은 가벼웠고, 그가 주시한 곳에 길이 있었다. 새로운 30년을 준비하는 그의 모습이 믿음직스러웠다. 그의 도전이 많은 사람에게 지지를 받고, 그의 도전이 결실을 맺어 우리 사회가 보다 나은 사회로 나아갈 수 있기를 기대해본다.

_ 김영필 (국회고성연수원 교수)

그 어느 때보다 뜨거웠던 지난여름.

민통선을 걸으면서 평생 잊지 못할

소중한 체험을 하였습니다.

너무나 익숙해져

이제는 먼 나라 이야기로까지 여겨지는

우리의 분단 현실을

아주 가까이서 피부 깊숙이 느끼는

귀중하고 의미 있는 시간이었습니다.

_ 송준호 (서강대 교수)

〈십삼분의 일〉

왜 가장 무더운 여름날이야? 폭염까지 더한 날.

그런데도 걷겠다는 사람들은 왜 그러는 거야?

따뜻한 봄날도 있고 울긋불긋 단풍 구경하기에 딱인 가을도 있는데
말이야.

딱하기도 하지. 고생을 사서 하는 사람들이 있단 말이야.

가본 적 없는 민통선이 궁금해서일까? 민통선을 걸을 수 있다면야 그
것만으로도 좋지.

기승전 평화, 그 길은 통일밖에 없다고 함께 느끼면 더할 나위 없는
바람이 시작일 거야.

통일은 폭염과 장대비를 견디며 걷는 여름날 같아. 아주 걷기 어려운

길이라는 거지.

그런데 걸으면 뭐가 좋으냐고? 힘들어. 쉬지 않고 걸을 때는 욕이 나와.
그래도 걷잖아. 네가 걷자고 하니까. 너도 걷고, 너도 걷고 그래서 나
도 같이 걷고 싶어.

뚜벅뚜벅 길 위를 걷다 보면 이 길이 바른길 같아. 그 길에 내가 있어
뿌듯하고, 우리가 같은 길을 가니까 그 마음이 흥겨워서 다같이 노래
부르고 싶어져.

당이 부족해 보이는 이에게 초코바를 건네고, 아이스크림을 나눠 먹
는 행운은 덤이야.

끼니는 거르는 일 없으니 밥걱정은 말고 잠자리가 불편하겠지만 저녁
식사 후에 강의까지 들으면 피곤해서 금방 잠들어 버릴 거야. 로드킬
을 당했는지 길가에 죽어 있던 새끼 뱀이 꿈에 나타날지도 몰라.

간절히 기다리던 오늘의 종착지에 다다르면 온몸이 무거워서 내일은
걷고 싶지 않을 수도 있어. 그런데 멈추면 길이 이어지지 않아.

힘들게 걸어야 하는 걸 알면서도, 내일 다시 그 길을 가겠다고 하는
사람들이 많아지면 통일의 길도 늘어날거야.

차츰차츰 그러다 보면 통일은 마침내, 기어코 오고야 말거야.

발바닥 물집이 여기저기서 물풍선처럼 터지는 날, 발톱이 빠져도 새
순이 돋아나는 것을 알아채는 날 말이야.

우리 모두 참 애썼지.

고생을 사서 하는 딱한 사람들이 마중물 되어 네가 걸을 평화통일의
길에 먼저 발자국을 남기고 왔으니까. 나는 십삼분의 일.

화이팅! 평화통일이 길이다.

_ 양명희 (주부)

지난해 '고대84걷기동호회' 친구들과 이인영 의원이 걸었던 길을 반대 방향으로 걸었던 기억이 있다. 김포-고양-파주-연천 신탄리역까지 191km의 평화누리길이란 이름이 붙은 길의 시작점인 김포 대명항에서 시작하여 해안 철책을 따라 걷다가 문수산에 올라 바라본 황해도 연백 땅은 손에 잡힐 듯 바로 앞에 있었다. 그러나 그저 바라만 볼 수밖에 없었다.

혼자서 동쪽으로 발길을 이어서 철원-화천-양구-인제-고성을 지나 통일 전망대에 이르러서 다시 한번 바라만 볼 수밖에 없는 북녘땅 해금강을 응시하면서 발걸음을 멈추지 않고 동해안을 따라 북녘 산하를 자유롭게 걸어보고 싶다고 느낀 것은 나만의 생각이 아니었을 것이다.

이 땅의 진정한 평화가 이루어지는 그 날을 하루라도 빨리 당기자는 염원을 담고, 지난여름 폭염에도 아랑곳없이 통일걷기를 이뤄낸 이인영 의원과 함께 고대84 동기들 50여명이 짧은 구간이라도 동행하게 되어 기쁘다.

_ 정창우 (고대84 걷기동호회 리더)

실상 이번 "2017 통일걷기"는 매우 편한 걷기였다. 일단 민통선 안에서 걷는 것은 쉬운 일이 아니다. 군과 행정 당국의 허가를 받아야만 들어갈 수 있다. 또한, 13일 동안을 걷기만 할 수 있는 것 또한 쉬운 일이 아니다. 먹고, 자고, 씻고, 짐 옮기고 하는 일들 또한 주최측 주선이 없었으면 거의 불가능한 일이었다. 337km를 13일 동안 걷는 이 행사를 주최한 국회의원 이인영 의원실 여러분께 큰 감사를 드린다.

이번 '2017 통일걷기'는 만남의 걷기였다. 이인영 의원을 후원하는 지역주민들, 동료·선후배 정치인들, 그리고 옆에서 이인영 의원과 '걷기'를 지원하는 많은 국민들과 만남의 자리였다. 이 시대를 함께 사는 우리들의 공유 명제인 〈평화·통일·생명〉과 관련하여, 매일 밤 '노변정담'에서 우리 시대와 역사 문제들을 만날 수 있었다. 한편, 철책선 저 넘어 있는 우리 민족, 철책선 안쪽에 펼쳐진 비무장지대 내에서 서로 대치하고 있는 휴전 상태의 긴박성과 그것을 감싸고 있는 자연, 철조망에 '지뢰'라는 명패를 달고 있으면서 우리의 발걸음을 허용하지 않는 민통선 안의 자연, 그리고 일반 지역에서 이루어지고 있는 많은 일상과의 만남, 이 모두가 귀한 만남이었다.

이번 '2017 통일걷기'는 염원과 의지, 그리고 결의를 각자 확인하는 걷기였다. 개인적 바램도 되뇌면서 걸었다. 국가·민족적 염원도 함께 이야기하면서 걸었다. 우리나라 60대 사람들, 특히 힘을 잃어 가고 있는 "베이비부머"를 대변한다고 혼자 생각하면서, 전체 구간을 완주한 것은 내 자신에게 더욱 큰 자신감을 준 걷기였다.

앞으로 이번 "2017 통일걷기"가 더욱 많은 국민들에게 영감을 주고, 사회적 울림이 되고, 나아가 우리나라 정치의 실험적 역사를 성공적인 것으로 바꾸게 하는 씨앗이 되기를 기원해 본다.

_ 김은식 (국민대학교 교수, 세계생태학회 회장)

저는 현대미술 작가입니다. 그동안 일상에서 산책, 걷기를 해왔는데 2박 3일 동안 걷는 것은 처음이어서 무척 설렜습니다. 평화통일은 우리에게 있어 가장 중요한 일 중 하나인데, 이제는 사회적 난제도 인문학적 사고와 깊은 성찰로 시간을 가지고 여러모로 접근하여 풀어나가야 한다고 생각하기에 참여했습니다. 이인영 의원님의 통일걷기 취지(문화적 접근)도 좋았고 주최 측의 세심한 준비와 배려에 감사했습니다. 좋은 분들과 만나서 우리 사회와 삶에 대해 진솔하게 대화할 수 있어서 좋았습니다. 더불어 아름다운 우리나라를 몸과 마음으로 느끼는 시간이었고 장병들의 노고에 가슴이 뭉클했습니다. 모든 것이 감사하고 행복한 시간이었습니다.

저는 외국을 여행할 때면 우리나라에 대한 생각이 더 많아졌던 것 같습니다. 유럽 미술투어를 하면서 차를 타고 독일에서 스위스로 국경을 넘었을 때 마음이 참 이상했습니다. "우리도 이렇게 차를 타고 육로로 유럽을 올 수 있는데…."라는 생각에 마음이 아팠습니다. 일제강점기로 인해 시간과 정신이 단절되었고, 분단으로 인한 공간의 단절이 사고(思考)의 단절로도 이어질 수 있기 때문에 더 안타까운 생각이 들었습니다.

그런데 촛불집회에서 느꼈듯이, 이번 통일걷기에 참여하며 우리 사회에 대한 애정이 깊고 평화통일을 염원하는 분들이 많다는 것을 알았고 희망을 품게 되었습니다. 저는 예술가로 우리 모든 생명체가 평화롭고 건강하게 행복한 삶을 살았으면 하는 '바람'이 있을 뿐입니다. 많은 사람과 같이 걸으며 그런 '바람'을 행동으로 보여 줄 수 있었다는 것이 참 좋았습니다. 같이 했기에 할 수 있는 일이었다고 생각합니다. 남녀노소 같이 걷고 어울리고 서로를 배려하는 그 자체가 기쁨이고 감동이었습니다. 말로, 책으로 배울 수 없는 직접 행동할 때만 느낄 수 있는 그 '무엇'이 있습니다. 저는 그것이 '예술'이라고 생각하며 그런 예술을 사랑합니다. 이번 우리의 통일걷기가 그런 퍼포먼스 예술이었다고 생각합니다.

우리 사회가 제대로 화합하는 날이 오기를 바라며 촛불로 민주주의를 세웠듯이 평화로 통일을 이루는 대한민국이 되기를 기원합니다. 2017 통일걷기가 그런 순수한 기원의 첫걸음이었다고 생각하며 같이 동참할 수 있어서 행복했습니다.

참여하신 모든 분의 건강과 행운을 빕니다. 감사합니다

_ 김호경 (작가)

민통선에 평화와 생태의 길을 여는데 동행할 수 있도록 애써주신 이인영 의원님 감사합니다. 300Km가 넘는 '2017 통일걷기, 민통선, 민족통일선이 되는 그날까지'를 위해 함께 고생하신 분들에게도 감사의 말씀 드립니다.

정말 사람의 힘은 대단한 것 같습니다. 300K가 넘는 고된 여정의 어려움과 폭염에도 불구하고, 편안한 길이 아닌 험난한 길을 걸으며 많은 분의 염원을 담아 평화의 시작을 알리는 계기가 되었습니다. 밤하늘의 은하수와 수많은 별자리로 수놓은 강원도 철원군 금강산역 체험관에서의 하룻밤은 잊지 못할 추억의 한 페이지였습니다.

의원님과 각 분야의 전문가분들께서 힘든 여정이었지만 평화 통일의 염원을 담아 모든 분이 함께 해준 결과로 북콘서트와 2017년 한해를 마무리하게 되는 것 같습니다.

2018 통일걷기에서는 더욱더 많은 분이 참여해서 좋은 뜻을 함께 나누고 응원하며 멀고 또 험해 보이지만 우리가 같이 한마음 한뜻으로 꾸준히 걷다 보면 '분단의 끝! 평화의 시작!'을 알리는 계기가 될 것이라 감히 생각해 봅니다.

국립전북기상과학관 모든 직원이 2018년에는 민족통일의 꿈이 현실로 이루어지기를 함께 응원합니다. 감사합니다.

_ 이병철 (국립전북기상과학관)

〈임진강 철책길을 걷다〉

새라새롭게 느루 걸을 수 있을까.

낯선 길 위에 섰다. 이른 아침 천둥과 번개를 동반한 비꽃이 슬몃슬몃 비치기 시작하더니 그예 작달비로 쏟아졌다. 가본 적 없는 길에 대한 설렘과 떨림, 긴장과 당혹이 갈마드는 가운데 앞잡이로 나선 군부대 장교를 따라 첫 발자국을 뗐다. 구불구불 이어진 행렬이 긴 띠를 이루며 인도 없는 도로 옆 길섶을 걸었다. 숲으로 이어지는 기스락엔 칡넝쿨이 나무들 우듬지를 쾡이그물처럼 뒤덮고 있었으며 꼬지꼬지

하늘 높이 치솟은 단풍돼지풀은 아무데서나 불쑥불쑥 모습을 드러내고 있었다.

비옷 속으로 무젖어 들어오는 습기와 눈 앞을 가리는 빗방울로 물속을 걷는 듯 온몸이 추근추근했다. 신발 코숭이 위로는 물줄기가 산란했으며 모자 위로는 빗줄기가 방울져 흘러내렸다. 날짐승이 인간의 신념과 무관하게 철책을 넘나들 듯 비 또한 인간의 쓸모 유무에 상관없이 출출했다. 아주 오래된 어느 날처럼 물에 빠진 생쥐 같은 온몸에 흥이 실리자 시나브로 발걸음이 가든해지기 시작했다.

동쪽 최북단 이른바 '수복지구(收復地區)', 군부대가 자리 잡고 있는 마을에서 태어나 어린 시절을 보낸 내게 서쪽 임진강 민통선(민간인 출입 통제선)은 어떤 모습일까 퍽 궁금했다. 그것이 비록 기원을 은폐하고 있는 풍경뿐일지라도. 우리 마을엔 여전히 일제강점기, 해방, 조선민주주의인민공화국, 전쟁, 미군정, 다시 대한민국 국민으로 살고 있는 나이든 주민들이 있었고, 내 부모도 그러했다.

어린 시절, 뒤란 돌담 옆 신작로를 웃통을 벗고 내달리던 군인들 구보 소리에 새벽잠을 설치기 일쑤였으며 오리 남짓한 등·하굣길을 오가는 동안 마을 산 기스락을 휘돌아가며 토치카(tochka)와 토치카를 잇는 구렁을 만드는 것을 구경했다. 훈련 나온 군인들에게 어쩌다 얻어먹는 별이 든 건빵, 막장 뿐 된장을 모르던 마을에 전파된 된장의 맛. 군인들 계급이 드러내는 서열과 새까만 워커가 뿜어내는 권위의 냄새는 사이렌 소리와 철책처럼 마을을 안개 같이 휘감고 있었다.

마을 점방에서 술을 마시고 행패 부리던 군인들, 동네 처녀들을 '히야까시(ひやかし)'하던 군인들, 반합을 들고 '짠지'를 얻으리 다니던 마을 운동장에 훈련 나온 군인들, 제무시(GMC), 쓰리꼬다(three-quarter)를 따라 달려가며 건빵을 달라고 손 내밀던 우리들, 반공드라마 '전우'를 흉내 내며 나무총을 깎아 전쟁놀이하던 우리들, 눈과 비가 내리면 신작로 보수에 참여를 닦달 당하던 마을 사람들 그리고 마을 군부대에서 제대한 뒤 고향으로 돌아가지 않고 마을에 정착한 군인과 그의 새로운 가족들. 매일같이 술에 감겨 아내를 족대기고 살림살이를 들부수며 아이들을 답새우던 '하사관' 출신의 아버지들.

수업 시간 중에도 창문이 깨질 듯 울려 퍼지던 대포 쏘는 소리, 남에서 북으로 날려 보냈으나 바람 방향이 바뀌면서 학교 운동장 금강 소나무 우듬지에 내려앉았던 삐라를 가득 품은 붉은 풍선과 수업 시간에 또는 방과 후에 일부러 찾으러 다녀야 했던 북에서 남으로 보낸 '삐라(びら)'들, 동사(마을회관)와 마을 창고 지붕에 붉은 글씨로 새겨 놓았던 멸공과 방첩, 때때로 그리고 썼던 반공 포스터와 반공 글짓기 대회들, 골목마다 건물 벽마다 붙어 있던 갖가지 표어와 심심찮게 열리던 궐기 대회 들은 1970년대 초등학생이었던 내가 겪은 우리 동네 흔한 풍경이었고, 지금도 큰 산 타깃장에 주기적으로 대포를 쏘아대고 있었다.

'2017 통일걷기'는 12박13일, 민통선 248km를 강원도 고성군 통일전망대에서 출발해서 경기도 파주시 임진각에서 마무리하는 일정이었다.

무겁게 치켜든 춘앵무를 추는 춤꾼의 흰 보선발이 뿜어내는 정적이 한순간 우주를 들어 올리는 것처럼, 노드리듯 퍼붓던 빗발은 어느 틈에 벌써 거대한 강물이 되어 눈앞에 펼쳐졌다. 다다를 수 없는 강, 임진강(臨津江)이었다.

실핏줄 같은 지류들이 강을 향해 거침없이 성난 듯 휘몰아치며 내달리고, 흩어지고 갈라지며 다시 모이고 모여 마침내 합류했다. 싯누런 강물은 도도했으며 또한 장엄했다. 여울도 없이 굼실굼실 흐르는 크고 너른 강물은 그러나 가까이 있었으나 다가갈 수 없었고, 볼 수 있었으나 만질 수 없었다. 날아오를 수도 없었고, 뛰어내릴 수도 없었다. 강과 나 사이엔 첩첩한 철책이 가로막고 있었다. 철책에 전기가 흐르지 않을까, 농담하면서 슬그머니 철책에 손가락을 댔다. 쇠 냄새만 신랄했을 뿐, 철책은 도무지 말이 없었다.

물과 물이 개개면서 발바닥에는 또 다른 물집이 만들어지고 있었다. 철문을 통과할 때마다 초병(哨兵)들의 감춘 듯 드러내는 손가락을 유심히 살폈다. 무뚝뚝하게 굳은 표정 뒤에는 긴장으로 흔들리는 눈빛이 엿보였으나 그것은 찰나였고, 성가신 듯 무심해 보이는 낯빛으로 대열을 헤아리고 있었다. 제복으로 군인과 민간인을 구별하며 배제했고, 하나의 국적은 그렇게 또 둘로 나뉘고 있었다. 민간인인 개인으로는 다가갈 수 없는 곳, 언제나 허가와 승인이 있어야 출입이 가능한 곳, 민간인 출입 통제선. 개인의 욕망과 공동체의 이익이 날카롭게 부딪히기도 하는 그곳을 두 발로 걸으며 입속에는 가시 같은 말들이 돋아났다.

길턱 곁 밭에는 우리 동네에서는 볼 수 없는 율무들 열매가 무르익어가고 있었으며 검은 가리개를 한 인삼밭 풍경은 우리 동네와 닮았다. 이제 막 열매를 맺은 인삼은 그 붉은 열매만으로도 유별했다. 철조망 건너편에서도 벼들은 자라고 있었으나 출입문은 굳게 잠겨 있었다. 빗속에 미욱해 보일 정도로 무르녹은 초록빛 수풀을 흘낏거리며 앞사람과 거리를 유지했다. 때때로 낯모르는/ 낯익은 사람과 나란히 동행했으며 또 드문드문 홀로 걸었다. 철책 옆 좁다란 길은 앞서간 발자국들로 인해 비로소 길이 되어 새롭게 열리고 또 끝내 닫혔다.

강변 깎아지른 절벽, 주상절리를 건너지르는 전깃줄을 보는 것만으로도 이곳은 전에 본 적 없는 다른 곳이었다. 배수로 없는 좁은 길은 된소나기로 시원했고, 머리 위 대로에서는 자동차들이 물똥을 튀기며 물마 위를 사납게 내달렸다. 빗줄기 속을 어렵사리 가로지르는 제비 떼를 보며 어릴 때 고무줄놀이를 하며 불렀던, "강남 갔던 제비가 돌아오면 이 땅에도 또다시 봄이 온다네, 봄이 온다네"를 떠올렸다. 그러면서도 한편 풀잎 끝에 매달린 빗방울이 누군가의 눈물방울은 아니었는지 되작이는 사이 강물은 그저 유유(幽幽)할 뿐이었다.

길은 언제나 한 발자국에서 시작되었다. 그 시작이 멧돼지였든, 고라니였든 아니 서슴거리는 인간의 한 발짝이었다. 경향각지에서 모여든 낯모르는/ 낯익은 사람들이 어느 하루, 어느 시간, 어느 틈을 함께 걸으며 같은 바람과 공기, 햇볕과 그늘, 비와 구름 그리고 땅의 기운을 느끼는 일은 분명 기이한 일이었다. 그러나 그것은 또 실낱같은 누망을 품은 염원들이 한곳으로 모이는 과정이었을 것이었고, 미래의 어느 하루를 미리 당겨 눈앞에 그려보는 일이었을 것이었다. 노거수를 쓰러뜨리는 것도 그 시작은 나무에 생긴 작은 진집일 것이었고, 바윗돌을 깨트리는 것도 그 시작은 물 한 방울이었을 것이었다.

빗줄기가 잔자누룩해지는 사이 우물우물 초코바를 먹고, 물을 마셨다. 온몸이 물에 잠긴 콩처럼 불었고, 덧난 발바닥은 질척질척했다. 길 끝에 다다르자 잇달아 사람들이 모여들었다. 생전처음 '개성(開城)'이라고 불리는 곳을 먼발치에서 바라보았다. 비는 여전했다.

광복 72주년, 2017년 8월 15일이었다.

_ 김담 (소설가)

12박 13일 민통선에서 만난 꽃과 식물들

김은식 교수님, 강홍구 대표를 비롯해 민통선 길을 걸은 우리 일행 25명이 239종의 자연을 505회에 걸쳐 관찰한 기록을 간추려서 사진과 함께 남깁니다.

시민이 만든 첫 번째 민통선 평화생태지도

　지난 8월 온라인 자연활동 공유 플랫폼 '네이처링' 서비스에
'248km 민통선을 걷다-생태기록'이라는 새로운 미션이 만들어졌습
니다. 집단지성을 통한 시민과학활동 확산과 건강한 문화 조성을 모
색하는 네이처링 미션에 처음 개설된 민통선 프로젝트입니다. 이 미
션은 이후 12박 13일 동안 통일을 염원하며 함께 걸은 참가자들이 민
통선에서 만난 생물과 생태계를 기록하고, 그 내용을 모든 이들과 공
유하는 도구이자 장소로 운영됐습니다. 평화와 생태의 길을 열기 위
한 첫 시도였던 '2017 통일걷기'는 이 미션을 통해 민통선에서의 첫
번째 생태지도 역시 만들어낼 수 있었습니다.

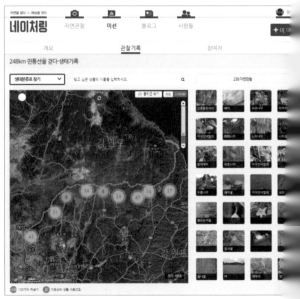

한반도의 통일이 그러하듯 생물다양성과 생태계를 보전하는 일도 전문 연구자들만의 몫이 아닙니다. 시민과 전문가가 함께 모니터링과 연구를 진행하는 시민과학활동은 이제 전 세계적 흐름입니다. 자연생태 시민과학프로젝트에 참여한 시민은 생태계 보전의 중요성을 구체적으로 인식하게 되고 전문가는 연구의 효율을 높일 수 있습니다. 한반도 분단과 대결의 상징이자 군사력에 의해 강제 보전되고 있는 생태계의 보고, DMZ와 민통선이야말로 시민과 함께 그 가치를 인식하고 보전을 위한 기초자료를 마련하는 시민과학프로젝트가 필요한 곳입니다.

지난 8월 3일 강원도 고성 통일전망대를 출발해 8월 15일 경기도 파주 임진각에 도착할 때까지 전문가와 시민들은 네이처링 서비스를 통해 식물, 곤충, 포유류 등 총 239종 505관찰의 생물기록을 남겼습니다. DMZ 생태조사는 전문가에 의해서도 이루어지지만 통일걷기의 다양한 참가자들이 직접 생물을 관찰하고 기록하고 실시간 공유한 첫 번째 시도라는 데 큰 의의가 있습니다. 사람의 간섭으로부터 자유로운 생태계를 이루는 한반도 자생종 사이사이 가시박이나 단풍잎돼지풀 같은 생태계 교란 외래식물의 잦은 출현 기록 내용 역시 생각의 여지를 주었습니다.

지키려면 우선 기록해야 합니다. 통일걷기가 계속되는 동안 시민과 전문가가 함께하는 DMZ 생태지도도 점점 더 풍부해지기를 바랍니다.

글_네이처링

민통선 평화생태지도

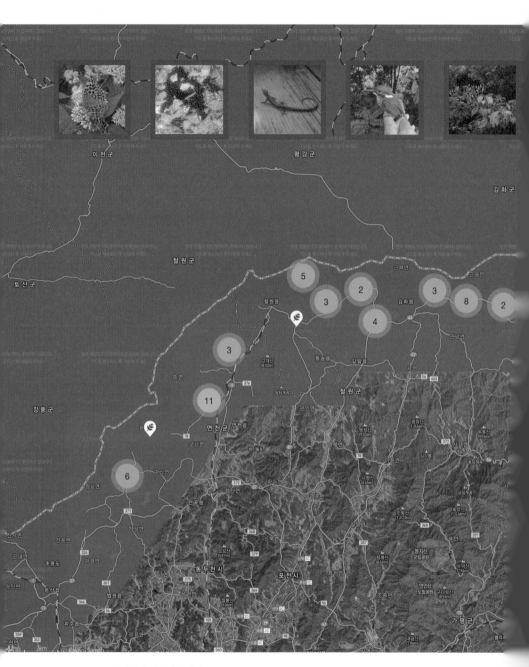

자생식물

가래나무

가을강아지풀

갈퀴나물

개다래

개암나무류

고려엉겅퀴

고삼 열매

고추나무 열매

곰취

광대싸리 열매

구릿대

구릿대 꽃

꿩의비름류

넓은잎갈퀴

노루오줌

누리장나무

다래 열매

닭의장풀

당단풍

더덕 꽃

독활 꽃

동자꽃

두릅나무 꽃

둥근이질풀

등골나물

뚝갈

마가목

마타리

말채나무

메꽃

모시대류

물레나물

미역줄나무

박주가리 꽃

배초향

버드나무

범부채

병조희풀류

부들류

붉나무

비비추

사위질빵

산사 열매

산솜다리류

산오이풀

소나무

솔나물

수크령

신나무 열매

싱아 꽃

싸리류

쉬땅나무

쑥부쟁이류

애기똥풀

원추리류

으아리

음나무

익모초

익모초 꽃

자귀나무

자귀나무 꽃

자귀나무 잎

잔대류

잣나무 열매

좀깨잎나무류

쥐똥나무

짚신나물

참나리

참취 꽃

칡

칡 꽃

칡 열매

큰뱀무

패랭이꽃

흰물봉선

귀화식물

가죽나무 열매

개망초

겹삼잎국화

단풍잎돼지풀

달맞이꽃

둥근잎나팔꽃

아까시나무

원추천인국

전동싸리

족제비싸리

큰금계국

큰낭아초

털독말풀

식재·재배식물

꽃고비류

대추

도라지 꽃

맨드라미

메밀 꽃

무궁화

미류나무

밤나무

배롱나무

백일홍

벼

부용

붉은강낭콩

상사화

설악초

수박

수수

옥수수

율무

이태리포플러

접시꽃

참깨 꽃

키위

해바라기

현사시나무

호두나무